はじめに

2022年2月、ロシアが隣国《りんごく》のウクライナに侵攻《しんこう》し、世界が緊《きん》張《ちょう》に包《つつ》まれました。連日《れんじつ》ロシア軍《ぐん》がウクライナを攻撃《こうげき》する様子がテレビなどで伝《つた》えられると、世界の人々は「戦争《せんそう》」を身近に感じ、不安におちいりました。あなたも、「なぜ戦争《せんそう》になったのだろうか？」という疑問《ぎもん》をいだいたかもしれませんね。

戦争《せんそう》とは国と国の争《あらそ》いです。国が認《みと》める、あるいは後おしする「殺《ころ》し合《あ》い」と言ってもよいかもしれません。あなたはこれまで、「暴力《ぼうりょく》はいけない」、「争《あらそ》いごとの解決《かいけつ》は話し合いで」と教えられてきたと思います。また、多くの人は平和に暮《く》らしたいと望《のぞ》んでいるはずです。それなのに、暴力《ぼうりょく》による問題解決《かいけつ》の最《もっと》も極端《きょくたん》な現《あらわ》れである戦争《せんそう》が起こるのはなぜでしょうか。それを考えるには、国際《こくさい》社会のルールや各国《かっこく》の関係《かんけい》、それぞれの国の言い分を学ぶことが重要《じゅうよう》です。

このシリーズでは「どうして戦争《せんそう》はなくならないの？」という疑問《ぎもん》への答えを見つける方法《ほうほう》として、「地政学《ちせいがく》」の考え方を用います。「地政学《ちせいがく》」とは、国際政治《こくさいせいじ》や国と国との関係《かんけい》などを地理的《てき》な条件《じょうけん》をもとに研究する学問です。「A国とB国はなぜ仲《なか》が悪いのか？」「C国はD国をどのように思っているのか？」などを解《と》き明《あ》かすうえで、「地政学《ちせいがく》」が大切な手がかりをあたえてくれます。そして、世界のできごとがわかりやすくなるのです。

「なぜ戦争《せんそう》がなくならないか？」を考えることは、「どうしたら戦争《せんそう》をなくせるのか？」につながります。平和な世界を実現《じつげん》するにはどうしたらよいのか、いっしょに考えていきましょう。

監修者《かんしゅうしゃ》　池上彰《いけがみあきら》

教えて！池上彰さん

どうして戦争はなくならないの？

地政学で見る世界
2
日本と世界の国々

監修
池上彰

小峰書店

もくじ

第1章…地政学《ちせいがく》で見る日本

日本の地理的特《てきとく》ちょう 4
江戸《えど》時代までの日本の国際関係《こくさいかんけい》 6
大陸《たいりく》の支配《しはい》をめざす日本 8
太平洋戦争《せんそう》の始まりと敗戦《はいせん》 10
冷戦《れいせん》の中での戦後復興《せんごふっこう》 12
日本とアメリカの関係《かんけい》 14
日本とロシアの関係《かんけい》 16
日本と中国の関係《かんけい》 18
日本と朝鮮《ちょうせん》半島との関係《かんけい》 20

第2章…地政学《ちせいがく》で見る中国

ランドパワーの大国、中国 22
シーパワー国家への挑戦《ちょうせん》 24
海への進出をめざす 26
台湾《たいわん》問題と新冷戦《れいせん》 28

第3章…地政学《ちせいがく》で見る朝鮮《ちょうせん》半島

大国の通り道になる半島国家 30
南北に分かれた民族《みんぞく》 32
韓国《かんこく》をめぐる国際関係《こくさいかんけい》 34
北朝鮮《ちょうせん》をめぐる国際関係《こくさいかんけい》 36

2巻《かん》のまとめ…… 38
さくいん…… 39

※この本は、とくに断《ことわ》りのない限《かぎ》り、2023年1月時点の情報《じょうほう》にもとづいています。

日本の地理的特《てきとく》ちょう

これから、日本を中心とした国際関係《こくさいかんけい》について考えていきます。まず、日本の地理的《てき》な特《とく》ちょうから調べていきましょう。

日本は、国土を海に囲《かこ》まれた島国です。よその国と陸《りく》続《つづ》きになっているところはありません。また日本を取り囲《かこ》む海には、国土に沿《そ》って速い海流が流れています。飛《ひ》行機《こうき》のない時代、もしも他国が日本に攻《せ》めこもうとすれば、船を使わなければなりませんでした。朝鮮《ちょうせん》半島から九州本土までのきょりは約《やく》200km。海流の影響《えいきょう》もあるため、海をわたることは簡単《かんたん》ではありません。たくさんの船を用意し、兵士《へいし》や武器《ぶき》、馬などを乗せて攻《せ》めこむことは難《むずか》しいことでした。そのため、江戸《えど》時代までに、日本が外国から本格的《ほんかくてき》に攻《せ》めこまれた例《れい》は、鎌倉《かまくら》時代の元《げん》寇《こう》（1274年と1281年）だけでした。逆《ぎゃく》に、日本から大陸《たいりく》に攻《せ》め入《い》ったことも2度しかありません。

大昔から世界では、多くの国が生まれては、他国に攻《せ》めこまれてほろびるという歴史《れきし》がくり返されてきました。18〜19世紀《せいき》には、ヨーロッパの強国がアジアやアフリカの広い地域《ちいき》を植民地《しょくみんち》にしました。しかし、日本は他国と戦争《せんそう》をしたことはほとんどなく、植民地《しょくみんち》になったこ

ともありません。その理由として、日本が海に囲《かこ》まれていること、ヨーロッパの国々から遠かったことがあげられます。

その一方、中国や朝鮮《ちょうせん》半島とは、船で行き来しようと思えばできるきょりだったため、政治《せいじ》のしくみや進んだ文化を取り入れることができました。

日本が独立《どくりつ》を保《たも》ちながら政治《せいじ》や文化を発展《はってん》させてこられたのは、このような地理的《てき》な特《とく》ちょうのおかげだったと考えられます。

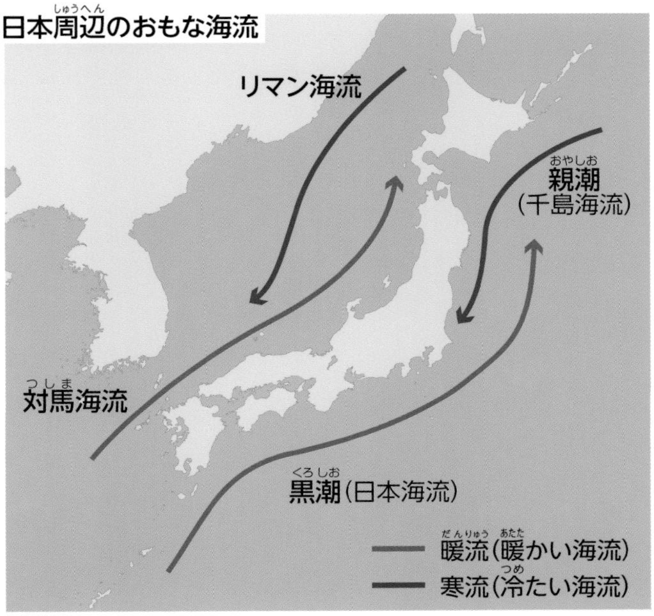

日本周辺《しゅうへん》のおもな海流

Anton Balazh/Shutterstock.com

宇宙《うちゅう》から見た日本。周囲《しゅうい》を海に囲《かこ》まれ、中国や朝鮮《ちょうせん》半島とはそう遠くない適度《てきど》なきょりにある。

江戸《えど》時代までの他国との戦争《せんそう》

江戸《えど》時代までに、日本が他国と本格的《ほんかくてき》に戦争《せんそう》をしたのは3回だけです。

1回めは、663年の白村江《はくすきのえ》の戦《たたか》いです。日本と関係《かんけい》の深かった朝鮮《ちょうせん》半島の百済《くだら》が、唐《とう》（中国）と新羅《しらぎ》にほろぼされ、その復興《ふっこう》を手助けするために日本が出兵《しゅっぺい》しました。

2回目は、1274年と1281年の2度にわたってモンゴル帝国《ていこく》（元《げん》）が日本に兵《へい》を送りこんできた元寇《げんこう》。3回目は、16世紀末《せいきまつ》に豊臣秀吉《とよとみひでよし》が行った朝鮮出兵《ちょうせんしゅっぺい》です。

江戸《えど》時代までの日本の国際関係《こくさいかんけい》

国土を海で囲《かこ》まれた日本は、地政学《ちせいがく》ではシーパワーの国とみなされます。長い海岸線を持ち、海に進出して貿易《ぼうえき》をさかんに行うのがシーパワーの国の特《とく》ちょうです。

東アジアのはしに位置《いち》し、中国や朝鮮《ちょうせん》半島にも近い日本は、中国の進んだ政治《せいじ》のしくみや文化を取り入れはするものの、その支配《しはい》下には入らないという関係《かんけい》を保《たも》ってきました。また、中国の王朝が代わるような場合でも、大陸《たいりく》のことには関《かか》わらないという姿勢《しせい》をとっていました。

一方で、海外との貿易《ぼうえき》は、時代ごとにそのあり方を変《か》えながら続《つづ》けられてきました。

平安時代初期《しょき》には、朝鮮《ちょうせん》半島の新羅《しらぎ》や唐《とう》（中国）の商人が日本にやってきて交易《こうえき》（貿易《ぼうえき》）をしていました。唐《とう》の後に宋《そう》ができると九州の博多《はかた》に宋《そう》の商人が訪《おとず》れるようになりましたが、日本人が海外に行くことは禁《きん》じられていました。平安時代末《まつ》に勢力《せいりょく》を持った平氏《へいし》は、宋《そう》との貿易《ぼうえき》をさかんにして経済《けいざい》力を高めました。平氏《へいし》がほろび、鎌倉幕府《かまくらばくふ》ができても、宋《そう》との通商（貿易《ぼうえき》）はさかんに行われていました。

日本の国際関係《こくさいかんけい》の方針《ほうしん》

大陸《たいりく》と海をへだててはなれていた日本は、中国の政治《せいじ》のしくみや文化を積極的《せっきょくてき》に取り入れましたが、大陸《たいりく》で起こることには関《かか》わらないようにしていました。

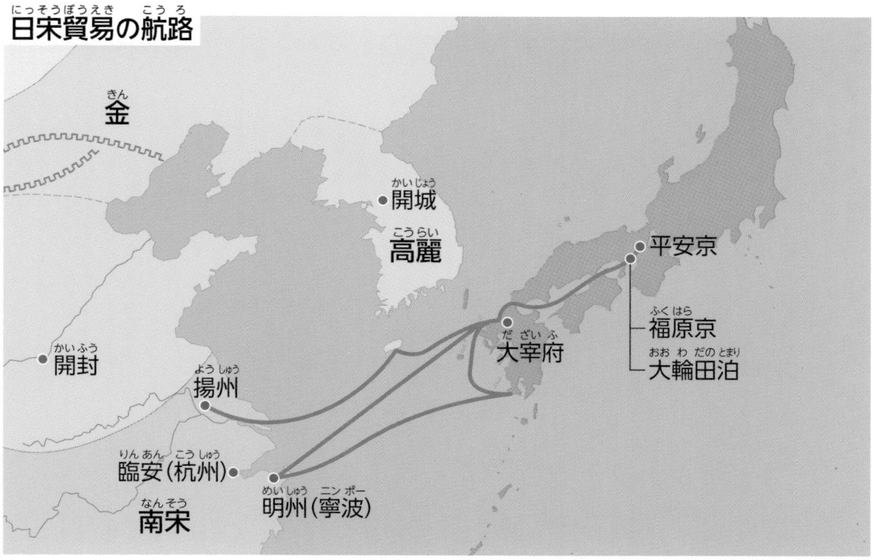

日宋貿易《にっそうぼうえき》

12世紀《せいき》後半に権力《けんりょく》をにぎった平清盛《たいらのきよもり》は、宋《そう》との貿易《ぼうえき》に力を入れました。大輪田泊《おおわだのとまり》（現在《げんざい》の兵庫《ひょうご》県神戸《こうべ》市）を整備《せいび》し、瀬戸《せと》内海を船が安全に通航《つうこう》できるようにしました。

宋《そう》との貿易《ぼうえき》で上げたばく大な利益《りえき》は、平氏《へいし》政権《せいけん》を経済的《けいざいてき》に支《ささ》えました。また、宋《そう》から大量《たいりょう》の貨幣《かへい》（宋銭《そうせん》）が日本に入り、日本でも通貨《つうか》として使われるようになりました。

鎌倉《かまくら》時代に、モンゴル帝国《ていこく》（元《げん》）が2度にわたって日本に攻《せ》めてきましたが、その後も元《げん》との交易《こうえき》は続《つづ》きました。

室町《むろまち》時代に元《げん》がほろびて明《みん》という国ができると、室町幕府《むろまちばくふ》は明《みん》と正式な国交を結《むす》んで貿易《ぼうえき》を行いました。15世《せい》紀《き》には、沖縄《おきなわ》に琉球《りゅうきゅう》王国ができ、日本、中国、東南アジアの交易《こうえき》の中継《ちゅうけい》地として栄《さか》えました。16世紀《せいき》になると、ポルトガルやスペインの船が日本を訪《おとず》れ、貿易《ぼうえき》をさかんに行いました（南蛮貿易《なんばんぼうえき》）。また、17世紀初《せいきはじ》めまで、日本の商人も東南アジアなどに出かけ交易《こうえき》をしました。

こうしたなか、戦国《せんごく》時代を経《へ》て全国統一《とういつ》をした豊臣秀《とよとみひで》吉《よし》は、大陸《たいりく》への進出をねらって2度にわたる朝鮮出兵《ちょうせんしゅっぺい》を行いました。シーパワーからランドパワーをめざしたとみなせますが、このもくろみは失敗《しっぱい》に終わりました。

秀吉《ひでよし》のあとをついだ江戸幕府《えどばくふ》は、大陸《たいりく》との交渉《こうしょう》をひかえる方針《ほうしん》をとりました。また、キリスト教が広まることをおそれ、海外との交流を限定《げんてい》しました。この政策《せいさく》は鎖《さ》国体制《こくたいせい》と呼《よ》ばれ、江戸《えど》時代末期《まっき》まで続《つづ》きました。

豊臣秀吉《とよとみひでよし》の朝鮮出兵《ちょうせんしゅっぺい》

15〜16世紀《せいき》の戦国《せんごく》時代には、全国各地《かくち》で戦《たたか》いが続《つづ》いていました。豊臣秀吉《とよとみひでよし》は、1590年に全国を統一《とういつ》すると、1592〜1593年（文禄《ぶんろく》の役《えき》）と1597〜1598年（慶長《けいちょう》の役《えき》）に朝鮮《ちょうせん》半島に出兵《しゅっぺい》しました。

日本軍《ぐん》が優勢《ゆうせい》の時期もありましたが、最終的《さいしゅうてき》には多くの兵《へい》と費用《ひよう》をむだにして撤退《てったい》しました。

地政学的《ちせいがくてき》には、朝鮮出兵《ちょうせんしゅっぺい》によってランドパワーの国をめざしたものの失敗《しっぱい》に終わったとみなすことができます。

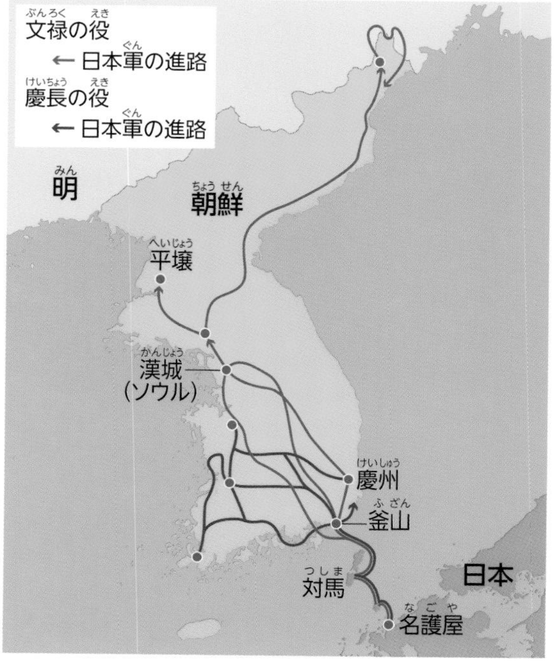

東南アジアとの交易《こうえき》

16世紀末《せいきまつ》から17世紀初《せいきはじ》め、多くの日本人商人たちは貿易《ぼうえき》のために東南アジアをめざしました。彼《かれ》らは、フィリピンやインドシナ半島に進出し、ルソンやトンキン、アンナン、カンボジアなどに日本町をつくりました。しかし、江戸《えど》時代になると幕府《ばくふ》が鎖国政策《さこくせいさく》をとったために、民間《みんかん》の商人が直接《ちょくせつ》海外と貿易《ぼうえき》をすることはなくなりました。

日本人商人の海外進出と日本町

大陸《たいりく》の支配《しはい》をめざす日本

江戸幕府《えどばくふ》の鎖国政策《さこくせいさく》は200年以上続《いじょうつづ》き、その間、日本と海外との交流はごく限《かぎ》られたものになっていました。大型船《おおがたせん》がつくられることもなく、人の行き来もないこの時代の日本は、孤立《こりつ》したランドパワーの国だったとみなすことができます。

江戸《えど》時代末期《まっき》、アメリカやイギリスなどと国交を結《むす》んで開国すると、間もなく幕府《ばくふ》はたおれ、明治《めいじ》新政府《せいふ》が誕生《たんじょう》します。新政府《せいふ》は、急ピッチで日本の近代化を進めます。欧米《おうべい》の国々と肩《かた》を並《なら》べられるように、産業《さんぎょう》をさかんにし、軍事《ぐんじ》力を強める方針《ほうしん》（富国強兵《ふこくきょうへい》）がとられました。当時、アジアの多くの地域《ちいき》が植民地《しょくみんち》化されており、国力をつけなければ日本もいずれ外国の植民地《しょくみんち》にされてしまうおそれがあったためです。

日本は、アメリカやイギリスと同じシーパワーの国として発展《はってん》していきます。明治《めいじ》時代の近代化の中で、日本は大陸《たいりく》への進出をめざし、中国（清《しん》）やロシアとぶつかるようになります。日本は、日清戦争《にっしんせんそう》、日露戦争《にちろせんそう》に勝利《しょうり》し、世界の大国への道を歩みはじめますが、これは、シーパワーの国でありながらランドパワーの国をめざす試《こころ》みでした。

日清戦争《にっしんせんそう》～清《しん》とのしょうとつ

近代化を進める日本は、朝鮮《ちょうせん》への影響《えいきょう》力を強めようとしました。もともと朝鮮《ちょうせん》との関《かか》わりの深かった清《しん》は、これに反発し、日本との間で日清戦争《にっしんせんそう》（1894～1895年）が起こりました。戦争《せんそう》は日本の勝利《しょうり》に終わり、日本は台湾《たいわん》と遼東《リャオトン》半島を領土《りょうど》としました。

このもち日本は、朝鮮《ちょうせん》半島や中国東北部（満州《まんしゅう》）をめぐって、ロシアとしょうとつすることになりました。

日清戦争《にっしんせんそう》後の日本の領土《りょうど》

日清戦争《にっしんせんそう》に勝った日本は、清《しん》から台湾《たいわん》と遼東《リャオトン》半島をゆずられた。しかし、遼東《リャオトン》半島は、ロシア、ドイツ、フランスからの要求《ようきゅう》によって、清《しん》に返すことになった（三国干渉《かんしょう》）。

日露戦争《にちろせんそう》～ロシアとのしょうとつ

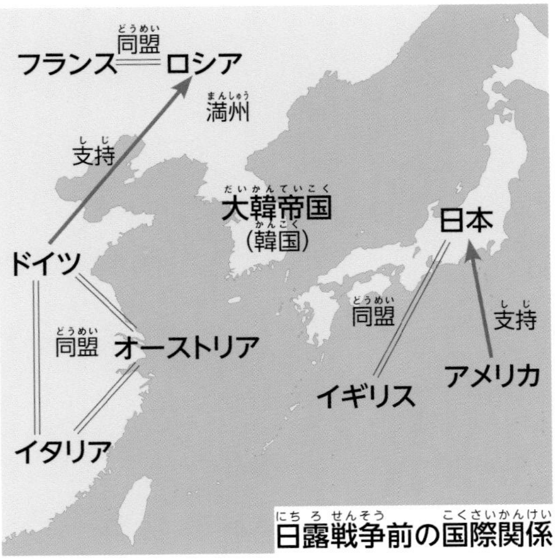

日露戦争《にちろせんそう》前の国際関係《こくさいかんけい》

日露戦争《にちろせんそう》後の日本の領土《りょうど》

1903年、ロシアは満州《まんしゅう》を占領《せんりょう》し、朝鮮《ちょうせん》半島での日本の権益《けんえき》をおびやかそうとしました。ロシアの進出を望《のぞ》まないイギリスやアメリカは日本を支援《しえん》し、日本とロシアの間で日露戦争《にちろせんそう》が始まりました。この戦争《せんそう》でなんとか勝利《しょうり》を収《おさ》めた日本は、それまで持っていた千島列島《れっとう》に加《くわ》え、南樺太《からふと》を領土《りょうど》にしました。

日本の領土《りょうど》の拡大《かくだい》

日本は、1910年の韓国併合《かんこくへいごう》で朝鮮《ちょうせん》半島を植民地《しょくみんち》としました。さらに第一次世界大戦《たいせん》の戦勝《せんしょう》国になったことで、ドイツ領《りょう》だった南洋諸島《しょとう》を委任統治領《いにんとうちりょう》（国際連盟《こくさいれんめい》から治《おさ》めることを任《まか》された地域《ちいき》）としました。

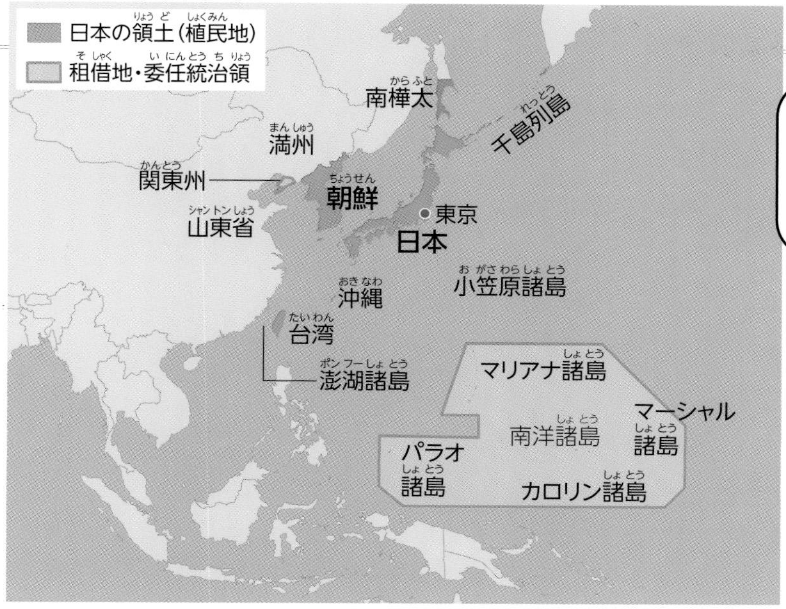

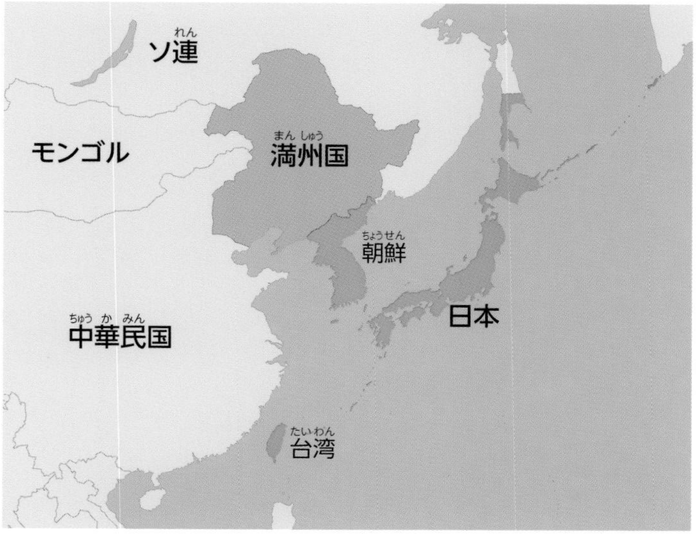

満州《まんしゅう》国の建国《けんこく》

1932年、日本は中国東北部の満州《まんしゅう》に満州《まんしゅう》国をつくりました。各国《かっこく》は、満州《まんしゅう》国は日本が武力《ぶりょく》で占領《せんりょう》した地《ち》域《いき》に無理《むり》やり建国《けんこく》したものだとして、独立《どくりつ》国とは認《みと》めませんでした。それを不服《ふふく》とした日本は、1933年に国際連盟《こくさいれんめい》を脱退《だったい》しました。

その後も満州《まんしゅう》国には、日本各地《かくち》から大勢《おおぜい》の移民《いみん》が開《かい》拓団《たくだん》として送られました。

日露戦争《にちろせんそう》に勝った日本は、1905年に朝鮮《ちょうせん》半島の大韓帝国《だいかんていこく》（韓国《かんこく》）を保護国《ほごこく》化し、1910年に植民地《しょくみんち》にしました（韓国併合《かんこくへいごう》）。さらに、満州《まんしゅう》での権益《けんえき》も広げます。しかし、同じく満州《まんしゅう》での権益《けんえき》をねらっていたアメリカがこれに反発し、日本とアメリカの関係《かんけい》は悪化していきます。

同じころ中国では、1912年に清《しん》がたおれて中華民国《ちゅうかみん》が建国《けんこく》されましたが、混乱《こんらん》の時代は続《つづ》きます。1914年にヨーロッパを戦場《せんじょう》として第一次世界大戦《たいせん》が始まると、日本は中国に対して、中国での権益《けんえき》を拡大《かくだい》するよう要求《ようきゅう》し、これを認《みと》めさせました。第一次世界大戦《たいせん》で日本は、イギリスなどに味方して参戦《さんせん》し、戦勝《せんしょう》国となり南洋諸島《しょとう》を支配《しはい》することになりました。

大戦《たいせん》の後、世界の平和をめざす国際連盟《こくさいれんめい》が設立《せつりつ》され、日本は常任《じょうにん》理事国のひとつになりました。

昭和時代に入った1932年、日本は満州《まんしゅう》での権益《けんえき》を守るために満州《まんしゅう》国を建国《けんこく》しました。しかし、満州《まんしゅう》国は日本が自国の利益《りえき》のために強引につくった国だとして、国際《こくさい》社会はこれを認《みと》めず、日本は国際的《こくさいてき》に孤立《こりつ》していくことになりました。

太平洋戦争《せんそう》の始まりと敗戦《はいせん》

昭和時代初期《しょき》、日本国内では軍部《ぐんぶ》の力が強くなり、国民《こくみん》もこれを支持《しじ》するようになりました。国際《こくさい》問題の解決《かいけつ》のために戦争《せんそう》にうったえ、国をあげて軍事《ぐんじ》力を強化しようとする軍国主義《ぐんこくしゅぎ》が高まりました。

中国での支配地域《しはいちいき》を広げようとする日本は、1937年に中国各地《かくち》で戦闘《せんとう》を始めました。宣戦布告《せんせんふこく》はありませんでしたが、事実上の戦争《せんそう》であり、日中戦争《せんそう》と呼《よ》ばれます。日本軍《ぐん》は、上海《シャンハイ》や南京《ナンキン》など都市部にも攻《せ》め入《い》り、兵《へい》士《し》ではない一般市民《いっぱんしみん》の命をうばうこともありました。

中国との戦争状態《せんそうじょうたい》が長引くと、戦争《せんそう》に必要《ひつよう》なものや人を軍部《ぐんぶ》が優先《ゆうせん》して動員できる法律《ほうりつ》が制定《せいてい》されます。そのため、国民《こくみん》に食料《しょくりょう》や物資《ぶっし》がじゅうぶん行きわたらず、暮《く》らしは厳《きび》しくなりました。

1939年、ヨーロッパでドイツがポーランドに攻《せ》めこみ、第二次世界大戦《たいせん》が始まりました。ドイツがフランスを破《やぶ》ると、日本はフランス領《りょう》インドシナ北部を占領《せんりょう》し、石油などの資源《しげん》を手に入れようとしました。また、ドイツやイタリアと軍事同盟《ぐんじどうめい》を結《むす》ぶとともに、アジアから欧米《おうべい》諸国《しょこく》を排除《はいじょ》する「大東亜共栄圏《だいとうあきょうえいけん》」を打ち立てようとしました。これらの動きは、アメリカやイギリスとの対立を招《まね》くことになりました。

戦争《せんそう》への歩みと敗戦《はいせん》まで

軍国主義《ぐんこくしゅぎ》が高まり、戦争《せんそう》へと進む中で、国民《こくみん》の暮《く》らしは苦しくなっていきました。太平洋戦争《せんそう》による日本の犠牲《ぎせい》者は、300万人以上《いじょう》にのぼりました。

年代	できごと
1932年	満州《まんしゅう》国を建国《けんこく》する。
1933年	日本が国際連盟《こくさいれんめい》を脱退《だったい》する。
1937年	日中戦争《せんそう》が始まる。
1938年	国家総動員法《そうどういんほう》が制定《せいてい》される。物資《ぶっし》が不足《ふそく》し、 国民《こくみん》が軍需《ぐんじゅ》工場などで働《はたら》かされるようになる。
1939年	ヨーロッパで第二次世界大戦《たいせん》が始まる。
1941年	太平洋戦争《せんそう》が始まる。
1942年	ミッドウェー海戦《かいせん》で日本軍《ぐん》が負け、 戦局《せんきょく》が不利《ふり》になる。
1943年	学徒出陣《がくとしゅつじん》が始まる。 学生も戦争《せんそう》に行くことになる。
1944年	大都市の学童疎開《がくどうそかい》を決定。
1945年	東京大空襲《くうしゅう》。沖縄占領《おきなわせんりょう》。原爆《げんばく》投下。敗戦《はいせん》。

朝日新聞社／Cynet Photo

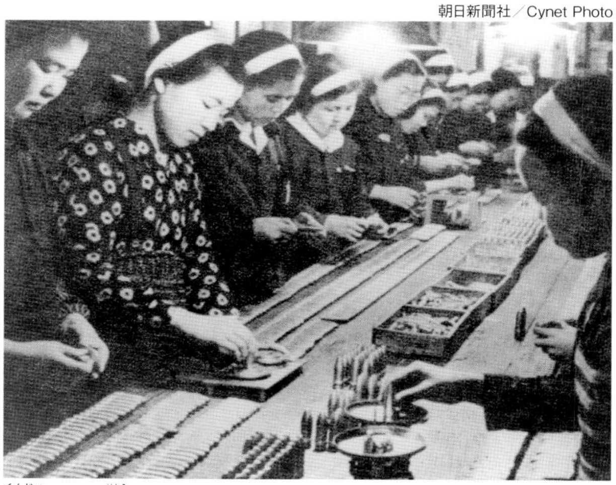

軍需《ぐんじゅ》工場で働《はたら》く女学生。

朝日新聞社／Cynet Photo

学徒出陣《がくとしゅつじん》の壮行《そうこう》会(1943年)。

ABCD包囲陣《ほういじん》

1941年7月、日本がフランス領《りょう》インドシナ南部に侵攻《しんこう》すると、アメリカは、日本を経済的《けいざいてき》に追いこもうとし、イギリス、中国、オランダもこれに同調しました。日本の軍部《ぐんぶ》は、この体制《たいせい》を4か国の頭文字から「ABCD包囲陣《ほういじん》」と呼《よ》び、日本を不当《ふとう》に苦しめるものとしました。

激《はげ》しさを増《ま》す空襲《くうしゅう》

1944年7月、サイパン島をアメリカ軍《ぐん》が占領《せんりょう》したことで、アメリカの爆撃機《ばくげきき》が直接《ちょくせつ》日本本土を空襲《くうしゅう》できるようになりました。これを機《き》に、日本の多くの都市が空襲《くうしゅう》にみまわれました。

1945年3月10日の東京大空《くう》襲《しゅう》では、一夜のうちに約《やく》10万人が犠牲《ぎせい》になりました。

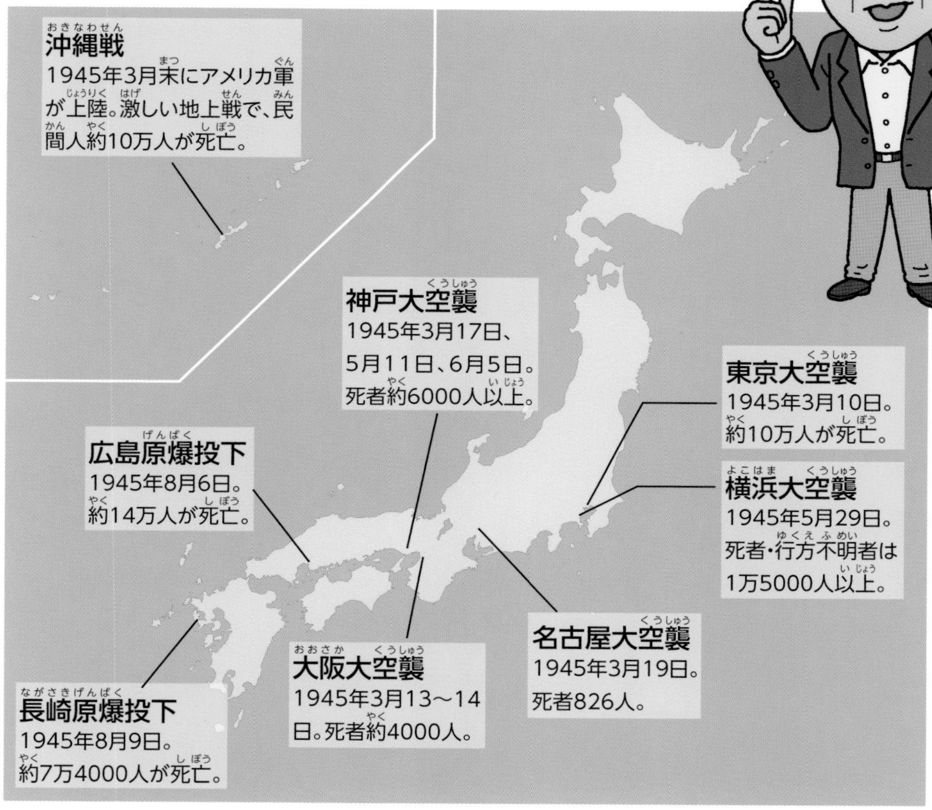

1941年7月、日本がフランス領《りょう》インドシナ南部に攻《せ》め入《い》ると、アメリカは日本への石油輸出《ゆしゅつ》を禁止《きんし》し、日本軍《ぐん》の中国からの全面撤退《てったい》を要求《ようきゅう》しました。日本の軍部《ぐんぶ》は、こうした状況《じょうきょう》を打開するには、武力《ぶりょく》にうったえるしかないと判断《はんだん》し、同年12月に、アメリカ、イギリスに宣戦布告《せんせんふこく》し、太平洋戦《せん》争《そう》が始まりました。

宣戦布告《せんせんふこく》とともに奇襲攻撃《きしゅうこうげき》をした日本軍《ぐん》は、しばらくの間は戦争《せんそう》を有利《ゆうり》に進め、各地《かくち》を占領《せんりょう》していきました。しかし、アメリカ軍《ぐん》の反撃《はんげき》により、しだいに戦局《せんきょく》は日本に不利《ふり》になりました。国民《こくみん》生活はますます苦しくなり、アメリカ軍《ぐん》による本土空襲《くうしゅう》も行われるようになりました。

日本と同盟《どうめい》を結《むす》んでいたドイツが降伏《こうふく》し、沖縄《おきなわ》の占《せん》領《りょう》、原子爆弾《ばくだん》の投下、ソ連《れん》の参戦《さんせん》と追いつめられた日本は、1945年8月14日、アメリカなどに無条件降伏《むじょうけんこうふく》の受け入れを通告《つうこく》、翌日天皇《よくじつてんのう》のラジオ放送によって国民《こくみん》に敗戦《はいせん》が知らされました。

大陸《たいりく》進出によりランドパワーの国をめざした日本でしたが、その試《こころ》みは失敗《しっぱい》に終わったのです。

冷戦《れいせん》の中での戦後復興《せんごふっこう》

太平洋戦争《せんそう》で降伏《こうふく》した日本は、アメリカ軍《ぐん》を中心とする連合軍《れんごうぐん》の占領《せんりょう》下に置《お》かれました。日本の領土《りょうど》は、本州、北海道、四国、九州とその周辺《しゅうへん》の島々に限《かぎ》られ、沖縄《おきなわ》などはアメリカの軍政《ぐんせい》下に置《お》かれ、南樺太《からふと》や千島列島《れっとう》はソ連《れん》に占領《せんりょう》されました。

日本を統治《とうち》した連合《れんごう》国軍総司令部《ぐんそうしれいぶ》（GHQ《ジーエイチキュー》）は、日本の民主《みんしゅ》化を進め、新しい憲法《けんぽう》の制定《せいてい》を指示《しじ》しました。新しく制定《せいてい》された「日本国憲法《けんぽう》」では、日本は戦争《せんそう》を放棄《ほうき》し、戦争《せんそう》のための武力《ぶりょく》を持たないとされました。また、教育制度《せいど》をはじめ、社会のしくみが大きく変《か》わりました。

戦火《せんか》であれはてた国土に生きる国民《こくみん》の暮《く》らしはたいへん苦しいものでした。食料《しょくりょう》がとぼしく、戦地《せんち》からの引きあげ者や戦災《せんさい》で親きょうだいをなくした孤児《こじ》が町にあふれていたうえに、物価《ぶっか》の急激《きゅうげき》な上昇《じょうしょう》など、経済《けいざい》の混乱《こんらん》もありました。

戦後《せんご》の国際《こくさい》社会では、平和を守るために国際連合《こくさいれんごう》が発足していました。しかし、その一方で、アメリカを中心とする資本主義諸国《しほんしゅぎしょこく》とソ連《れん》を中心とする社会主義諸国《しゅぎしょこく》の対立が起こり、冷戦《れいせん》と呼《よ》ばれる緊張状態《きんちょうじょうたい》に発展《はってん》していきました。1950年には、朝鮮《ちょうせん》半島で冷戦《れいせん》を反映《はんえい》した朝鮮戦争《ちょうせんせんそう》が起こり、日本にも大きな影響《えいきょう》をあたえました。

日本の領土《りょうど》の縮小《しゅくしょう》

1945年の敗戦《はいせん》から1951年にサンフランシスコ平和条約《じょうやく》（日本と交戦《こうせん》国との講和条約《こうわじょうやく》）が結《むす》ばれるまで、日本は連合《れんごう》国軍《ぐん》の占領《せんりょう》下に置《お》かれました。日本の領土《りょうど》は厳《きび》しく限定《げんてい》され、明治《めいじ》時代以降《いこう》に獲得《かくとく》した領土《りょうど》は、すべて放棄《ほうき》することになりました。

それに加《くわ》えて、沖縄《おきなわ》などの南西諸島《しょとう》と小笠原諸島《おがさわらしょとう》は、アメリカの統治《とうち》下に置《お》かれることになりました（のちに日本に復帰《ふっき》）。太平洋戦争《せんそう》の終結《しゅうけつ》を境《さかい》に、日本の領土《りょうど》は大はばに縮小《しゅくしょう》したのです。

朝鮮《ちょうせん》半島の緊張《きんちょう》

第二次世界大戦《たいせん》後の世界は、アメリカとソ連《れん》の対立を軸《じく》に、冷戦《れいせん》と呼《よ》ばれる状態《じょうたい》になっていました。

資本主義《しほんしゅぎ》の国民党《こくみんとう》と社会主義《しゅぎ》の共産党《きょうさんとう》との間で内戦《ないせん》が続《つづ》いていた中国では、共産党《きょうさんとう》が勝利《しょうり》して中華人民共和《ちゅうかじんみんきょうわ》国を建国《けんこく》。敗《やぶ》れた国民党《こくみんとう》の中華民《ちゅうかみん》国は台湾《たいわん》にのがれました。戦後《せんご》南北に2つの国ができていた朝鮮《ちょうせん》半島では、冷戦《れいせん》下で各国《かっこく》の思惑《おもわく》が交差《こうさ》するなか、朝鮮戦争《ちょうせんせんそう》が始まりました。

朝鮮《ちょうせん》半島をめぐる対立

朝鮮戦争《ちょうせんせんそう》では、朝鮮《ちょうせん》半島の南側北側《みなみがわきたがわ》それぞれをアメリカとソ連《れん》・中国が支援《しえん》し、激《はげ》しい戦闘《せんとう》の末《すえ》、1953年に休戦協定《きゅうせんきょうてい》が結《むす》ばれました。

冷戦《れいせん》の時期において、日本に中国や朝鮮《ちょうせん》半島の社会主義陣営《しゅぎじんえい》をおさえる防波堤《ぼうはてい》の役割《やくわり》を期待したアメリカは、日本を資本主義諸国《しほんしゅぎしょこく》の一員として独立《どくりつ》させることにしました。自衛隊《じえいたい》の前身となる警察予備隊《けいさつよびたい》が発足したのも朝鮮戦争《ちょうせんせんそう》が始まって間もなくのことです。

また、朝鮮戦争《ちょうせんせんそう》によって大量《たいりょう》の軍需物資《ぐんじゅぶっし》が日本に発注されたことで、日本の経済《けいざい》が発展《はってん》するきっかけになりました。

1952年、GHQ《ジーエイチキュー》による占領《せんりょう》が終わり日本が独立《どくりつ》する際《さい》に、日本とアメリカとの間で日米安全保障条約《ほしょうじょうやく》（安保条《あんぼじょう》約《やく》）が発効《はっこう》し、アメリカ軍《ぐん》が引《ひ》き続《つづ》き日本国内にとどまり、軍事基地《ぐんじきち》を利用《りよう》できることが取り決められました。

安保条約《あんぼじょうやく》では、もしも日本が他国に攻《せ》められた場合、アメリカが守ることが決められています。それにより、日本は自国の防衛《ぼうえい》に多くの費用《ひよう》を使わなくてもすみ、以降《いこう》の経済発展《けいざいはってん》につながったと考えられます。1950年代半ばからの高度経済成長《けいざいせいちょう》期を経《へ》て、日本は世界有数《ゆうすう》の経《けい》済《ざい》大国に成長《せいちょう》していきました。

朝鮮戦争《ちょうせんせんそう》の影響《えいきょう》

朝鮮戦争《ちょうせんせんそう》（1950～1953年）は、日本の戦後《せんご》の歩みに大きな影響《えいきょう》をあたえました。ひとつは、太平洋戦争《せんそう》で打撃《だげき》を受けた日本経済《けいざい》を立て直し、復興《ふっこう》を早めたこと。もうひとつは、警察予備隊《けいさつよびたい》が新設《しんせつ》され、のちの自衛隊《じえいたい》につながったことです。

朝日新聞社／Cynet Photo

朝鮮戦争《ちょうせんせんそう》の影響《えいきょう》で大量《たいりょう》発注を受け、忙《いそが》しく作業をする軍需物資《ぐんじゅぶっし》の工場。

新設《しんせつ》された警察予備隊《けいさつよびたい》。

毎日新聞社/アフロ

高度経済《けいざい》成長《せいちょう》期へ

朝鮮戦争《ちょうせんせんそう》をきっかけに、日本は高度経済成《けいざいせい》長《ちょう》への道を歩み始めました。1964年には、東海道新幹線《しんかんせん》が開通し、東京でオリンピックが開催《かいさい》されるまでになりました。

朝日新聞社／Cynet Photo

1964年に開《かい》催《さい》された東京オリンピックの開会式。

日本とアメリカの関係《かんけい》

アメリカは、日本にとって最大《さいだい》の友好《ゆうこう》国です。太平洋戦争《せんそう》後の占領《せんりょう》時代を経《へ》て日本が独立《どくりつ》を回復《かいふく》したとき、日本とアメリカとの間には、日米安全保障条約《ほしょうじょうやく》（安保条約《あんぽじょうやく》）が結《むす》ばれました。安保条約《あんぽじょうやく》とは、憲法《けんぽう》で戦争《せんそう》を放棄《ほうき》した日本の安全を守るために、アメリカ軍《ぐん》が日本国内に基地《きち》を置《お》くことを認《みと》めるものでした。その後、1960年の改定《かいてい》で、日本が他国から攻《せ》められたときに、アメリカが日本を守ることが義務《ぎむ》化されました。

当時の世界は冷戦《れいせん》のさなかであり、アメリカとしてはソ連《れん》の太平洋進出を食い止めるため、日本に防波堤《ぼうはてい》の役割《やくわり》をになわせる必要《ひつよう》がありました。しかし、日本国内では、再《ふたた》び戦争《せんそう》に巻《ま》きこまれるのではないかとの不安から、激《はげ》しい反対運動が起こりました。

時代が進み、中国が国力をつけてきた現在《げんざい》、日本の役割《やくわり》はさらに重要《じゅうよう》になっています。ロシアや中国が太平洋に進出しようとしたとき、日本がふたをするようなかっこうになるからです。アメリカにとって日本は、ロシアや中国の動きをおさえるために欠《か》かせない、地政学的《ちせいがくてき》にも大事な拠点《きょてん》なのです。

安保条約《あんぽじょうやく》のしくみ

日本とアメリカの間で結《むす》ばれている安保条約《あんぽじょうやく》は、日本がアメリカに軍事基地《ぐんじきち》を提供《ていきょう》するかわりにアメリカが日本を守ることを取り決めたものです。

アメリカが他国に攻《せ》められた場合、日本にはアメリカを助ける義務《ぎむ》がないため、アメリカ側《がわ》からは不《ふ》公平であると言われることもあります。しかし、実際《じっさい》には、アメリカ軍《ぐん》が駐留《ちゅうりゅう》するための費用《ひよう》の多くを日本が負担《ふたん》しています。

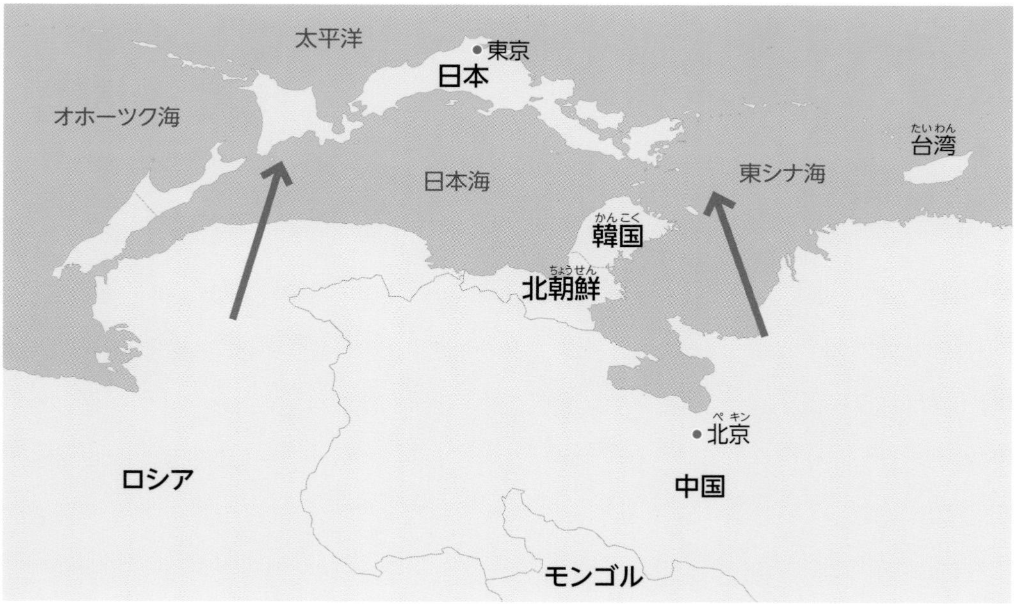

日本はロシア・中国のふた?

左は、南北を逆《さか》さにした東アジアの地図です。ロシアや中国から見ると、太平洋に進出する際《さい》に、日本がその進出をさえぎる（ふたをする）位《い》置《ち》にあることがわかります。こうした地政学的《ちせいがくてき》な利点《りてん》から、アメリカは日本を、中国やロシアを封《ふう》じこめるための拠点《きょてん》とみなしています。

沖縄《おきなわ》のアメリカ軍基地《ぐんきち》

日本に置《お》かれたアメリカ軍基地《ぐんきち》の、沖《おき》縄《なわ》にある割合《わりあい》が飛《と》びぬけて高いのは、沖《おき》縄《なわ》がアメリカの戦略《せんりゃく》上重要《じゅうよう》だからです。沖縄《おきなわ》にはアメリカ軍関係《ぐんかんけい》の仕事につく日本人も多く、沖縄《おきなわ》の経済《けいざい》を支《ささ》えていますが、一方で、軍用機《ぐんようき》の墜落事故《ついらくじこ》や兵士《へいし》による犯罪《はんざい》などの問題もかかえています。

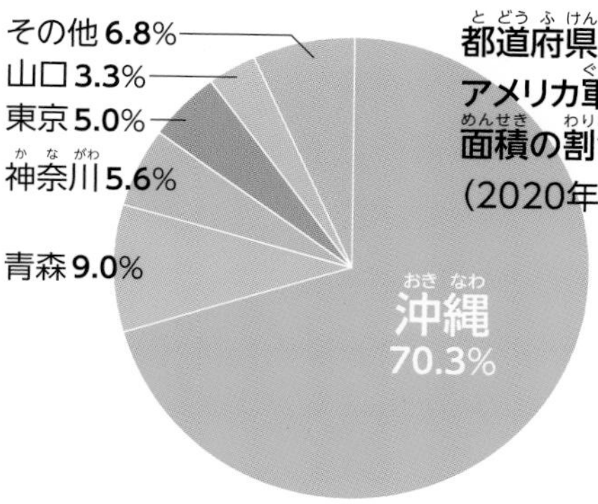

都道府県別《とどうふけんべつ》の
アメリカ軍施設《ぐんしせつ》
面積《めんせき》の割合《わりあい》
(2020年3月末《まつ》)

沖縄《おきなわ》県にあるアメリカ軍施設《ぐんしせつ》
(2022年)

沖縄《おきなわ》は重要《じゅうよう》な軍事拠点《ぐんじきょてん》

沖縄《おきなわ》は、アメリカにとってロシアや中国の動きを封《ふう》じる重要《じゅうよう》な地点にあります。また、1万km先までねらえる大陸《たいりく》間弾道《だんどう》ミサイルを配備《はいび》すれば、世界の約《やく》3分の1を射程範囲《しゃていはんい》にすることができます。このような場所は、世界でもそう多くはありません。

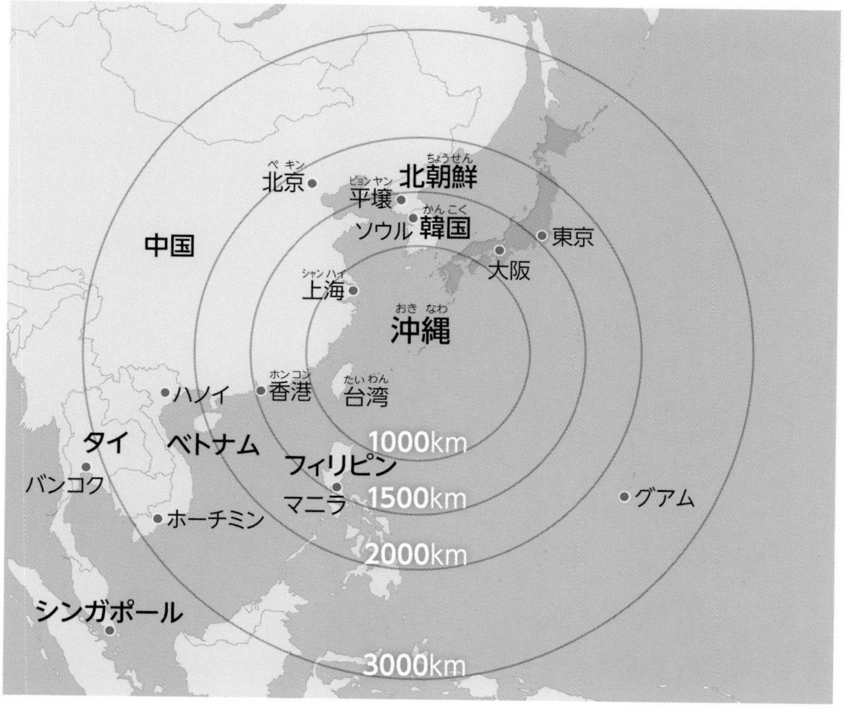

現在《げんざい》の日本には、国内の各地《かくち》にアメリカ軍基地《ぐんきち》があります。中でも多いのは沖縄《おきなわ》です。沖縄《おきなわ》の面積《めんせき》は、日本全体の0.6%にすぎませんが、日本のアメリカ軍基地《ぐんきち》の70%以上《いじょう》があるのです。沖縄《おきなわ》にこれほどまでにアメリカ軍基地《ぐんきち》が多いのは、沖縄《おきなわ》がアメリカの軍事戦略《ぐんじせんりゃく》上たいへん重要《じゅうよう》な位置《いち》にあるからです。沖縄《おきなわ》を中心とする地図を見ると、そのことがよくわかります。

沖縄《おきなわ》を中心に半径《はんけい》3000kmの円をえがくと、中国をふくむ東アジアや東南アジアの主要《しゅよう》な都市がその中にすっぽりおさまります。さらに、半径《はんけい》1万kmの円内には、中東やロシアのほとんどが入ります。沖縄《おきなわ》に射程《しゃてい》きょりが1万kmのミサイルを配備《はいび》すれば、世界の大部分ににらみをきかせることができるのです。

また、中国海軍《かいぐん》の艦隊《かんたい》が太平洋に進出しようとしても、沖縄《おきなわ》の近くのルートを封鎖《ふうさ》することができます。さらに、台湾周辺《たいわんしゅうへん》で紛争《ふんそう》が起こった場合も、沖縄《おきなわ》からすぐに軍《ぐん》を送ることができます。このように軍事《ぐんじ》上の利点《りてん》が多いため、アメリカが沖縄《おきなわ》の軍用《ぐんよう》地を手放し、日本に返還《へんかん》することはまずないと考えられます。

日本とロシアの関係《かんけい》

日本にとってロシアは、最《もっと》も近い隣国《りんこく》のひとつです。日本とロシアはこれまで、ときに友好《ゆうこう》を深め、ときに敵対《てきたい》する関係《かんけい》にありました。

江戸《えど》時代から両国が接触《せっしょく》する機会《きかい》はたびたびありました。明治《めいじ》時代に両国の国境《こっきょう》が確定《かくてい》しましたが、のちに朝鮮《ちょうせん》半島の権益《けんえき》をめぐって日露戦争《にちろせんそう》が起こります。

第一次世界大戦末期《たいせんまっき》にロシア革命《かくめい》が起こると、社会主義《しゅぎ》の国の誕生《たんじょう》を恐《おそ》れたイギリスやフランスとともに、日本もシベリアに多くの兵《へい》を送って内戦《ないせん》に干渉《かんしょう》しました（シベリア出兵《しゅっぺい》）。その後、革命《かくめい》でできたソ連《れん》とは、1941年におたがいに侵略《しんりゃく》しないとする日ソ中立条約《じょうやく》を結《むす》びます。しかし、太平洋戦争《せんそう》の末期《まっき》、ソ連《れん》はこの条約《じょうやく》を無視《むし》して日本に宣戦《せんせん》すると、千島列島《れっとう》などに攻《せ》めこんで、多数の日本人をシベリアに抑留《よくりゅう》して労働《ろうどう》させました。

戦後《せんご》、日本はソ連《れん》とともに日ソ共同宣言《きょうどうせんげん》を発表し、国交を回復《かいふく》しました。ソ連《れん》が解体《かいたい》した後のロシアとは資源《しげん》開発などの分野で協力関係《きょうりょくかんけい》にもありますが、北方領土《りょうど》の問題が解決《かいけつ》しておらず、平和条約《じょうやく》は結《むす》ばれていません。

日本とロシア・ソ連《れん》との歴史《れきし》

両国は地理的《てき》に近く、友好関係《ゆうこうかんけい》の時期と敵対関係《たいかんけい》の時期をくり返してきました。

年代	できごと
1855年	日露《にちろ》和親条約《じょうやく》を結《むす》ぶ。
1858年	日露修好《にちろしゅうこう》通商条約《じょうやく》を結《むす》ぶ。
1875年	樺太《からふと》・千島交換条約《こうかんじょうやく》を結《むす》ぶ。
1904年	日露戦争《にちろせんそう》が起こる（～1905年）。
1907年	第一次日露協約《にちろきょうやく》を結《むす》ぶ（第四次まで。～1916年）。
1918年	シベリア出兵《しゅっぺい》（～1922年）。
1941年	日ソ中立条約《じょうやく》を結《むす》ぶ。
1945年	ソ連《れん》が日本に宣戦布告《せんせんふこく》する。
1956年	日ソ共同宣言《きょうどうせんげん》を発表。
1973年	日ソ共同《きょうどう》声明を発表。
1991年	ゴルバチョフ大統領《だいとうりょう》が日本を訪《おとず》れる。ソ連《れん》が解体《かいたい》する。
2018年	安倍《あべ》首相とプーチン大統領《だいとうりょう》が会談し、エネルギー分野などでの協力《きょうりょく》を確認《かくにん》する。

Cynet Photo

中国・旅順《リュイシュン》の二百三高地《にひゃくさんこうち》。日露戦争《にちろせんそう》で、日本軍《ぐん》とロシア軍《ぐん》の激戦《げきせん》地となった。

Cynet Photo

2018年の安倍《あべ》首相とプーチン大統領《だいとうりょう》の会談。

北方領土《りょうど》問題

北方領土《りょうど》の面積《めんせき》は、四島合計で約《やく》5000平方km、福岡《ふくおか》県と同じくらいです。太平洋戦争末期《せんそうまっき》に約《やく》1万7000人の日本人が暮《く》らしていましたが、ソ連《れん》が占領《せんりょう》したために強制的《きょうせいてき》に退去《たいきょ》させられました。

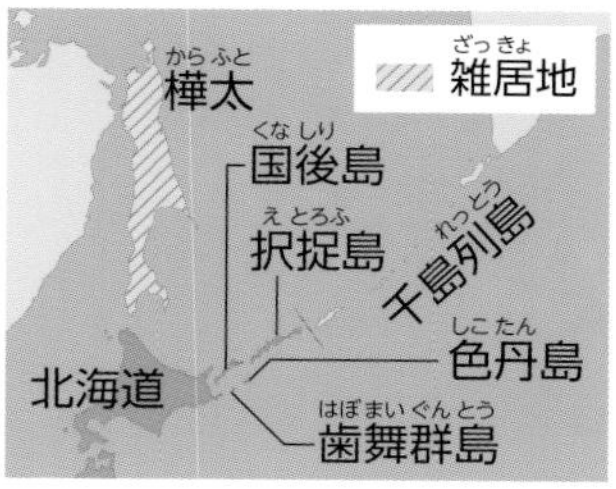

1855年。択捉《えとろふ》島とウルップ島の間を国境《こっきょう》と決める。樺太《からふと》は両国人が住む雑居《ざっきょ》の地とした。

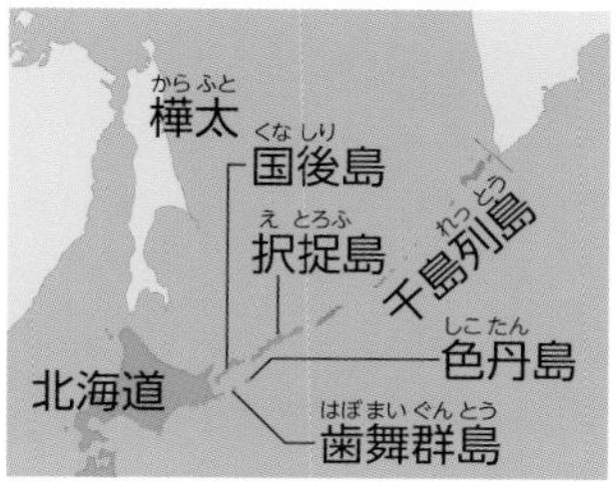

1875年。樺太《からふと》・千島交換条約《こうかんじょうやく》で、千島列島《れっとう》を日本領《りょう》に、樺太《からふと》をロシア領《りょう》とした。

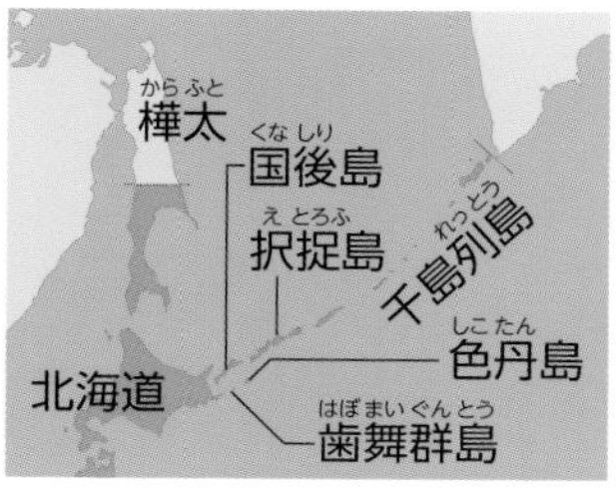

1905年。日露戦争《にちろせんそう》の講和会議《こうわかいぎ》で、南樺太《からふと》を日本領《りょう》にした。

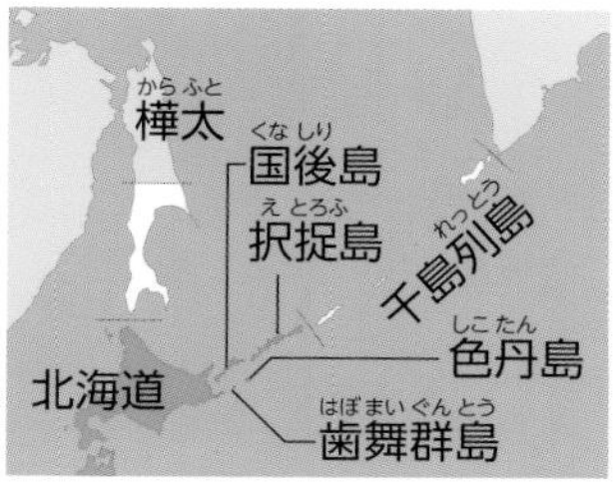

1951年。サンフランシスコ平和条《じょう》約《やく》で、日本は千島列島《れっとう》と南樺太《からふと》を放棄《ほうき》した。

ロシアが北方領土《りょうど》を返還《へんかん》したくないわけは…

日米安全保障条約《ほしょうじょうやく》では、アメリカが要望《ようぼう》すれば、日本国内にアメリカ軍基地《ぐんきち》を新たに置《お》くことを検討《けんとう》しなければなりません。もしも北方領土《りょうど》を日本に返還《へんかん》すれば、アメリカが新たな軍事基地《ぐんじきち》を領土《りょうど》内につくり、ロシアの安全をおびやかすおそれがあると考えているのです。また、北方領土周辺《りょうどしゅうへん》は、ロシア艦隊《かんたい》が太平洋に出るための海洋ルートにあたるため、ロシアとしては手放したくないのです。

日本とロシアの間には、北方領土《りょうど》をめぐる問題があります。北方領土《りょうど》とは、北海道の東にある、択捉島《えとろふ》、国後島《くなしり》、色丹島《しこたん》、歯舞群島《はぼまいぐんとう》（北方四島）のことです。

太平洋戦争末期《せんそうまっき》に、ソ連《れん》は日本に宣戦布告《せんせんふこく》し、当時日本領《りょう》だった千島列島《れっとう》や南樺太《からふと》を占領《せんりょう》しました。敗戦《はいせん》後の1951年に結《むす》ばれたサンフランシスコ平和条約《じょうやく》で、日本は千島列島《れっとう》と南樺太《からふと》を放棄《ほうき》しましたが、北方四島に関《かん》して日本政府《せいふ》は、「千島列島《れっとう》に北方四島はふくまれず、北方領土《りょうど》は日本固有《こゆう》の領土《りょうど》である」という見解《けんかい》をとっています。1855年の日露《にちろ》和親条約《じょうやく》で、日露《にちろ》の国境《こっきょう》は択捉島《えとろふ》とその東のウルップ島の間とされ、それ以降《いこう》北方四島は、ずっと日本の領土《りょうど》でした。

1956年の日ソ共同宣言《きょうどうせんげん》では、「色丹島《しこたん》と歯舞群島《はぼまいぐんとう》は、平和条約《じょうやく》の締結《ていけつ》後に日本に返還《へんかん》する」と決められましたが、その後も日本、ソ連《れん》間には領土《りょうど》問題が残《のこ》されたままです。一時、その解決《かいけつ》に向けて話し合うと決められたこともありますが、現在《げんざい》にいたるまで返還《へんかん》は実現《じつげん》していません。

ロシア側《がわ》からすると、北方領土《りょうど》を返還《へんかん》すれば、日米安《あん》保条約《ぼじょうやく》にもとづいてアメリカの軍事基地《ぐんじきち》がつくられるかもしれない、そんな心配があります。そうなると、ロシアの安全がおびやかされることにつながるので、返還《へんかん》したくないというのが本音なのです。

日本と中国の関係《かんけい》

中国は古くから東アジアの大国として、周辺《しゅうへん》の国々を従《したが》わせて（服属《ふくぞく》させて）きました。日本は中国と海をはさんでいるため、直接的《ちょくせつてき》な服属関係《ふくぞくかんけい》になることはほぼありませんでしたが、政治《せいじ》、経済《けいざい》、文化などの面で関係《かんけい》を保《たも》ってきました。

日本は漢字や政治《せいじ》のしくみなど、多くのものを中国から取り入れて国を発展《はってん》させ、文化を豊《ゆた》かにしてきました。中国をお手本にして国づくりをしてきたといってもよいでしょう。

日本が明治《めいじ》時代をむかえるころの中国は国の力が弱まり、ヨーロッパの国々の植民地《しょくみんち》にされようとしていました。他方、日本はといえば近代化を進める中で、朝鮮《ちょうせん》半島を経《へ》て中国への侵略《しんりゃく》の道を進み、太平洋戦争《せんそう》が終わるまで、中国に多くの迷惑《めいわく》をかけました。

戦後《せんご》しばらくは、日本と中国の間に国交がとだえていましたが、1972年に日中共同《きょうどう》声明を発表して国交正常《せいじょう》化を実現《じつげん》し、1978年には日中平和友好条約《ゆうこうじょうやく》を締結《ていけつ》しました。

日本と中国の近代史《し》

日本政府《せいふ》は、日本が中国各地《かくち》を侵略《しんりゃく》し、多くの迷惑《めいわく》をかけたことを謝罪《しゃざい》しています。

年代	できごと
1871年	日清修好条規《にっしんしゅうこうじょうき》を結《むす》ぶ。
1874年	日本が台湾《たいわん》に出兵《しゅっぺい》する。
1894年	日清戦争《にっしんせんそう》が起こる（～1895年）。
1895年	台湾《たいわん》を日本にゆずる。
1912年	清《しん》がほろび、中華民国《ちゅうかみん》ができる。
1915年	日本が中国に二十一か条《じょう》の要求《ようきゅう》をする。
1937年	日中戦争《せんそう》が始まる（～1945年）。
1949年	中華人民共和国《ちゅうかじんみんきょうわ》が建国《けんこく》される。
1972年	日中共同《きょうどう》声明が発表される。
1978年	日中平和友好条約《ゆうこうじょうやく》が結《むす》ばれる。
2010年	尖閣諸島《せんかくしょとう》付近《ふきん》で中国の漁船《ぎょせん》が日本の海上保安庁《ほあんちょう》の船にしょうとつする事件《じけん》が起こる。
2012年	日本が尖閣諸島《せんかくしょとう》を国有化し、中国で反日運動が起こる。

Cynet Photo

1949年、中国共産党《きょうさんとう》が中国のほぼ全土を制圧《せいあつ》し、中華人民共和国《ちゅうかじんみんきょうわ》が建国《けんこく》される。建国《けんこく》を宣言《せんげん》する毛沢東《もうたくとう》主席。

読売新聞/アフロ

1972年、日本の田中角栄《かくえい》首相（右はし）が中国を訪問《ほうもん》、日中共同《きょうどう》声明が発表される。

南西諸島《しょとう》の西のはしに連《つら》なる尖閣諸島《せんかくしょとう》は、1895年に日本が自国の領土《りょうど》とし、現在《げんざい》も日本が実効支配《じっこうしはい》（他国の支配《しはい》がおよばない状態《じょうたい》）しています。ところが、1970年ごろに、尖閣諸島周辺《せんかくしょとうしゅうへん》の海《かい》底《てい》に石油や天然《てんねん》ガスなどの資源《しげん》があることがわかると、中国が領有権《りょうゆうけん》を主張《しゅちょう》するようになりました。その後、中国は、領海法《りょうかいほう》という自国の法律《ほうりつ》で、尖閣諸島《せんかくしょとう》を領土《りょうど》と定めるなど、ますます主張《しゅちょう》を強めています。日本政府《せいふ》は、尖閣諸《せんかくしょ》島《とう》はあくまでも日本の領土《りょうど》であり、「日本と中国の間に領《りょう》土《ど》問題は存在《そんざい》しない」としています。しかし、この問題は、今後も日中間の対立のもとになるおそれがあります。

中国は、1990年代からめざましい経済発展《けいざいはってん》をとげ、2000年代には日本をぬいて、世界第2位《い》の経済《けいざい》大国になりました。経済《けいざい》力の向上を背景《はいけい》に軍事《ぐんじ》力を強化し、アメリカに追いつき追いこす超《ちょう》大国への道をひた走っています。ランドパワーの国からシーパワーの国にもなることをめざす中国は、日本やその同盟《どうめい》国であるアメリカをおびやかすのではないかと心配されています。

尖閣諸島《せんかくしょとう》の領有《りょうゆう》問題

尖閣諸島《せんかくしょとう》は、1895年に日本の領土《りょうど》になって以来、ずっと日本が支配《しはい》してきました。1970年ごろから海《かい》底調査《ていちょうさ》で資源《しげん》があることがわかると、中国はその領有《りょうゆう》権《けん》を主張《しゅちょう》するようになりました。日本政府《せいふ》は中国との間に領土《りょうど》問題は存在《そんざい》しないとしていますが、中国はことあるごとに尖閣諸《せんかくしょ》島《とう》が自国領《りょう》だと主張《しゅちょう》し、領土《りょうど》問題があることを既《き》成《せい》事実とする戦略《せんりゃく》をとっています。

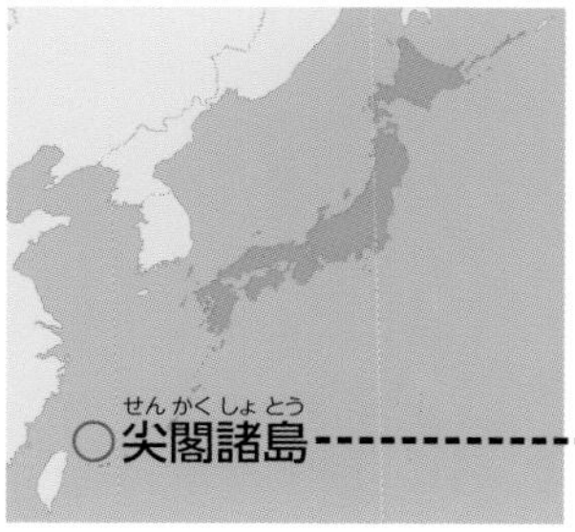

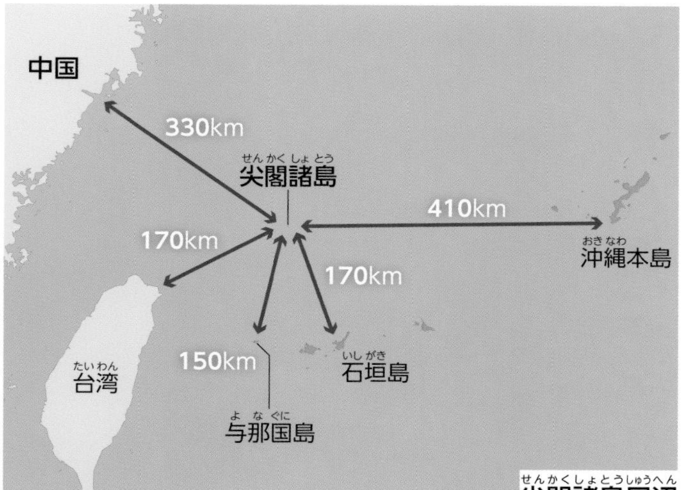

尖閣諸島周辺《せんかくしょとうしゅうへん》

中国のめざすものは…?

経済発展《けいざいはってん》をとげた中国は、軍事《ぐんじ》力を強化し、ランドパワーの国であるとともにシーパワーの国になろうとしています。中国は、アメリカや日本と異《こと》なる社会主義《しゅぎ》の国として、世界一の超《ちょう》大国をめざしているようです。現在《げんざい》も、中国とアメリカの間には対立が見られ、今後も過熱《かねつ》するのではないかと心配されます。

日本と朝鮮《ちょうせん》半島との関係《かんけい》

朝鮮《ちょうせん》半島は、日本から最《もっと》も近い大陸《たいりく》の地域《ちいき》です。九州の対馬《つしま》からは、晴れた日には朝鮮《ちょうせん》半島が見えるほどのきょりです。古代から、日本と朝鮮《ちょうせん》半島にはさまざまな交流があり、中国の進んだ文化や技術《ぎじゅつ》も朝鮮《ちょうせん》半島を通じて入ってきました。

14世紀末《せいきまつ》に建国《けんこく》された朝鮮《ちょうせん》は、室町幕府《むろまちばくふ》に使節《しせつ》（朝鮮《ちょうせん》通信使《つうしんし》）を送るなど、日本との間に良好《りょうこう》な関係《かんけい》を築《きず》きました。しかし、16世紀末《せいきまつ》に豊臣秀吉《とよとみひでよし》が朝鮮出兵《ちょうせんしゅっぺい》をしたことで、日本と朝鮮《ちょうせん》の関係《かんけい》は悪化します。江戸幕府《えどばくふ》を開いた徳川家康《とくがわいえやす》は、豊臣秀吉《とよとみひでよし》の死後、朝鮮《ちょうせん》との関係《かんけい》を回復《かいふく》し、以後《いご》、正式な国交が結《むす》ばれていました。

明治《めいじ》時代になり、日本が近代化を進めるとともに大陸《たいりく》への進出をめざすと、朝鮮《ちょうせん》半島をめぐって清《しん》やロシアと対立するようになります。日清《にっしん》・日露戦争《にちろせんそう》に続《つづ》けて勝利《しょうり》した日本は、大韓帝国《だいかんていこく》（朝鮮《ちょうせん》が国号を変更《へんこう》）を保護《ほご》国とし、さらに1910年には朝鮮《ちょうせん》半島を植民地《しょくみんち》化し、1945年の日本の敗戦《はいせん》までそれは続《つづ》きました。その歴史《れきし》は、現在《げんざい》の日本と韓国《かんこく》や北朝鮮《ちょうせん》との関係《かんけい》にも影響《えいきょう》をおよぼしています。

日本と朝鮮《ちょうせん》半島の近代史《し》

近代に入ってからの日本は、朝鮮《ちょうせん》半島を侵略《しんりゃく》し、多大な迷惑《めいわく》をかけました。これは、現在《げんざい》の国際関係《こくさいかんけい》にも大きな影響《えいきょう》をあたえています。

年代	できごと
1876年	日朝修好条規《しゅうこうじょうき》を結《むす》ぶ。日本にとって有利《ゆうり》な不平等条約《ふびょうどうじょうやく》だった。
1894年	日清戦争《にっしんせんそう》が起こる（～1895年）。戦後《せんご》、清《しん》に朝鮮《ちょうせん》の独立《どくりつ》を認《みと》めさせる。
1897年	朝鮮《ちょうせん》が、国号を大韓帝国《だいかんていこく》（韓国《かんこく》）とする。
1905年	日本が韓国《かんこく》を保護《ほご》国にする。
1910年	韓国併合《かんこくへいごう》。日本が朝鮮《ちょうせん》半島を植民地《しょくみんち》にする。
1945年	太平洋戦争《せんそう》で日本が敗《やぶ》れる。日本の植民地統治《しょくみんちとうち》が終わり、アメリカとソ連《れん》が分割占領《ぶんかつせんりょう》する。
1950年	朝鮮戦争《ちょうせんせんそう》が起こる（～1953年）。
1965年	日韓基本条約《にっかんきほんじょうやく》が結《むす》ばれる。
2002年	サッカー・ワールドカップを日韓共同《にっかんきょうどう》で開催《かいさい》。日本の小泉純一郎《こいずみじゅんいちろう》首相が北朝鮮《ちょうせん》を訪《ほう》問《もん》し、金正日《キムジョンイル》最高《さいこう》指導《しどう》者と会談。
2012年	韓国《かんこく》の李明博大統領《イミョンバクだいとうりょう》が竹島に上陸《じょうりく》し、日韓関係《にっかんかんけい》が悪化する。

朝日新聞社／Cynet Photo

2002年、サッカー・ワールドカップが日本と韓国《かんこく》の共同《きょうどう》で開催《かいさい》された。

朝日新聞社／Cynet Photo

2002年、小泉《こいずみ》首相が北朝鮮《ちょうせん》を訪問《ほうもん》。日本人拉致《らち》問題などが話し合われた。

竹島の領土《りょうど》問題

日本海の島根県沖《おき》にある竹島は、日本が朝鮮《ちょうせん》半島を植民地《しょくみんち》化する前の1905年に日本領《りょう》となりました。1952年に、韓国《かんこく》の李承晩《イスンマン》初代大統領《しょだいだいとうりょう》が「李承晩《イスンマン》ライン」と呼《よ》ばれる境界《きょうかい》線を引いて、竹島を自国の領土《りょうど》に組み入れ、実効支配《じっこうしはい》するようになりました。日本は不法占拠《ふほうせんきょ》であるとして、国際司法裁判所《こくさいしほうさいばん》での判断《はんだん》を提案《ていあん》していますが、韓国《かんこく》はこれを拒否《きょひ》しています。

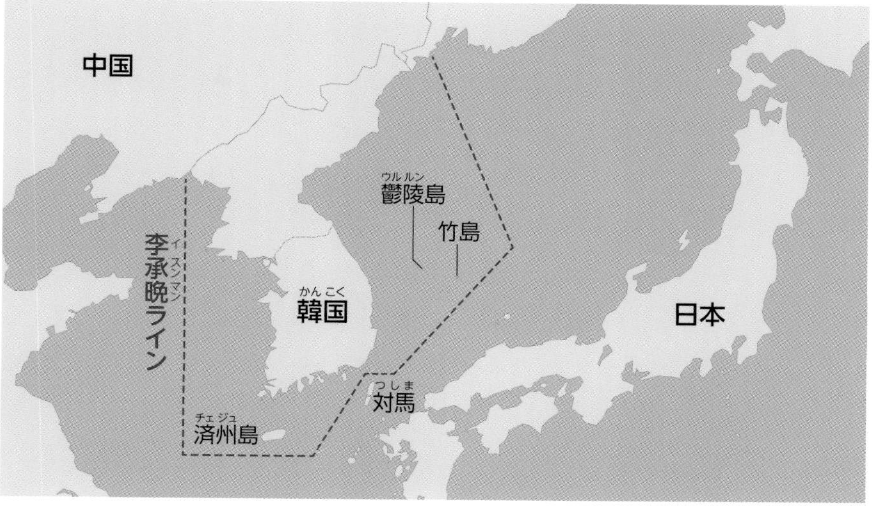

北朝鮮《ちょうせん》との問題

北朝鮮《ちょうせん》は軍事《ぐんじ》力の強化をめざして、核兵器《かくへいき》やミサイルなどの開発をしてきました。このことは日本をはじめ東アジアの国々に緊張状態《きんちょうじょうたい》をもたらしています。

特《とく》に日本に向けてミサイルの発射《はっしゃ》実験《じっけん》をくり返しており、日本の安全がおびやかされています。

また、1970年代から1980年代に日本人を自国へ連《つ》れ去《さ》った拉致《らち》問題も解決《かいけつ》していません。

北朝鮮《ちょうせん》のミサイル発射《はっしゃ》

2022年10月4日に発射《はっしゃ》されたミサイルの軌道《きどう》（方向はイメージ）。

現在《げんざい》の朝鮮《ちょうせん》半島には、南に韓国《かんこく》（大韓民《だいかんみん》国）、北に北朝鮮《ちょうせん》（朝鮮民主主義人民共和《ちょうせんみんしゅしゅぎじんみんきょうわ》国）と2つの国があります。韓国《かんこく》は資本主義《しほんしゅぎ》の国で、アメリカや日本と同盟関係《どうめいかんけい》にあります。北朝鮮《ちょうせん》は社会主義《しゅぎ》の国で、建国《けんこく》以来、金日成《キムイルソン》とその子の金正日《キムジョンイル》、孫《まご》の金正恩《キムジョンウン》と三代にわたって独裁的《どくさいてき》に国を支配《しはい》しており、日本とは国交がありません。

日本と韓国《かんこく》の間には、竹島をめぐる領土《りょうど》問題があります。1952年以降《いこう》、韓国《かんこく》が竹島を自国の領土《りょうど》であると主張《しゅちょう》し、実効支配《じっこうしはい》しています。また、日本の植民地《しょくみんち》時代に動員された労働《ろうどう》者たち（徴用工《ちょうようこう》）への補償《ほしょう》に関《かん》する裁判《さいばん》などの問題もいまだに解決《かいけつ》しておらず、2022年時点の日韓関係《にっかんかんけい》は戦後最悪《せんごさいあく》ともいわれています。

一方、北朝鮮《ちょうせん》は、日本に向けてたびたびミサイルを発射《はっしゃ》するなど、国交樹立《じゅりつ》はもとより、話し合いさえも難《むずか》しい関係《かんけい》が続《つづ》いています。

ランドパワーの大国、中国

経済《けいざい》力、軍事《ぐんじ》力を高め、アメリカに並《なら》ぶ超《ちょう》大国をめざす中国が、今後の国際関係《こくさいかんけい》において中心的《てき》な役割《やくわり》をはたすことになるのはまちがいありません。ここからは、地政学《ちせいがく》の観点《かんてん》から中国について見ていくことにしましょう。

中国は、ユーラシア大陸《たいりく》の東端《とうたん》に位置《いち》し、世界第4位《い》の面積《めんせき》をほこります。古くから文明が起こり、よく肥《こ》えた土地で農業がさかんになり、国が栄《さか》えました。人口の大部分は漢民族《かんみんぞく》ですが、ウイグル族やチベット族など、多くの民族《みんぞく》をかかえています。

経済的《けいざいてき》にも文化的《てき》にも進んでいた中国は、自らの国を世界の中心だと考え、周辺《しゅうへん》の異民族《いみんぞく》を野蛮《やばん》な民族《みんぞく》ととらえていました。これを「中華《ちゅうか》思想」といいます。

4000年ともされる長い歴史《れきし》を持つ中国には、これまでいくつもの王朝が建《た》てられてきました。しかしその間には、たびたび北方の異民族《いみんぞく》に攻《せ》め入《い》られることがあり、実際《じっさい》に元《げん》や清《しん》のような異民族《いみんぞく》が漢民族《かんみんぞく》を支配《しはい》する王朝もありました。中国北部の万里《ばんり》の長城《ちょうじょう》も、異民族《いみんぞく》からの攻撃《こうげき》を防《ふせ》ぐためにつくられたものです。

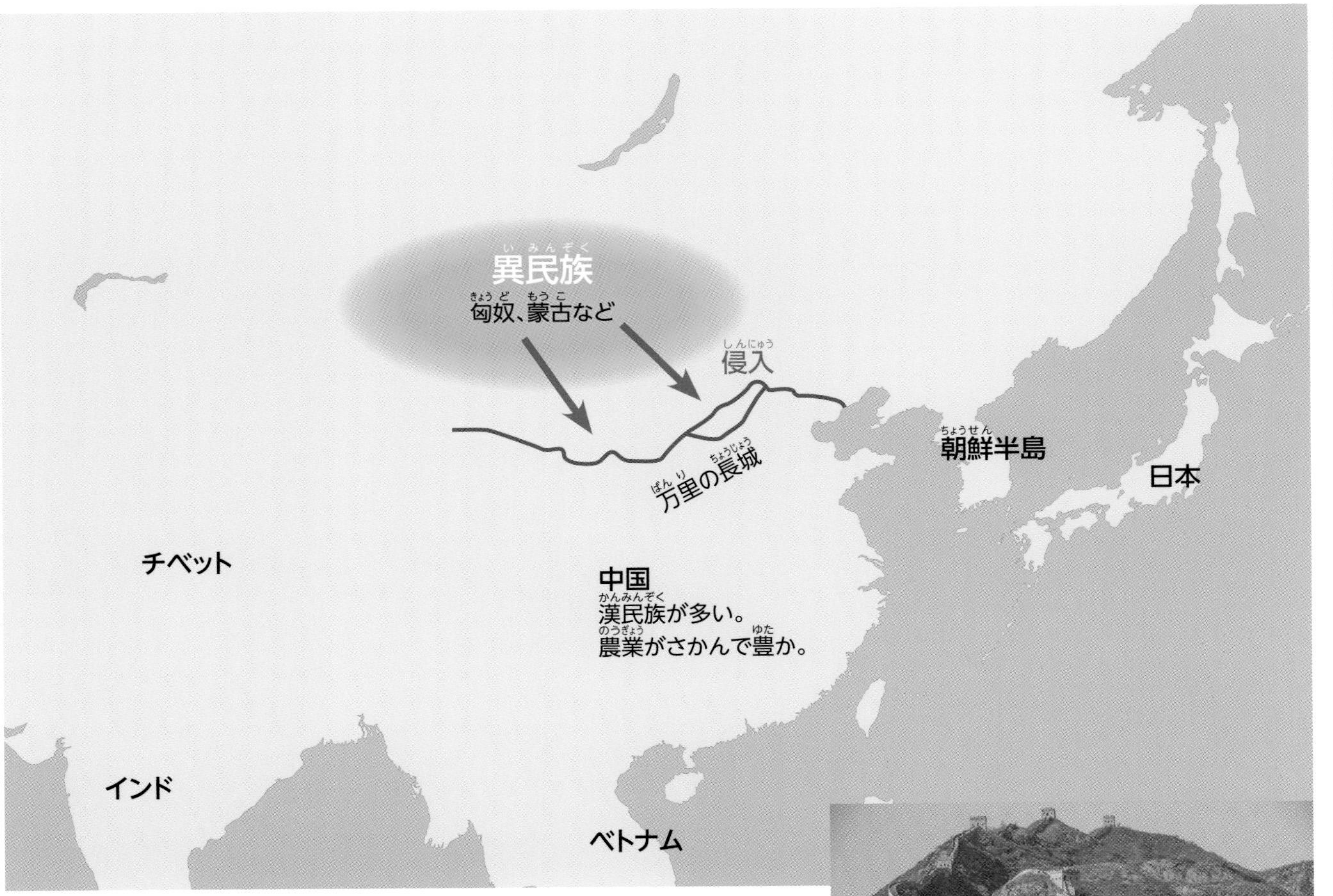

異民族《いみんぞく》に備《そな》えた中国

中国の北方には、古くから遊牧民族《ゆうぼくみんぞく》が暮《く》らしており、豊《ゆた》かな中国へたびたび攻《せ》め入《い》ってきました。その侵攻《しんこう》を防《ふせ》ぐために、万里《ばんり》の長城《ちょうじょう》が築《きず》かれました。

万里《ばんり》の長城《ちょうじょう》。

北方からの異民族《いみんぞく》の侵入《しんにゅう》になやまされていた中国は、陸上《りくじょう》の守りに力を注ぐ必要《ひつよう》があったため、基本的《きほんてき》にはランドパワーの国として発展《はってん》してきました。

豊《ゆた》かな国土を持つ中国は、2000年近くの間、世界最大《さいだい》の経済《けいざい》大国でした。紀元《きげん》前221年に初《はじ》めて中国を統一《とういつ》した秦《しん》に始まり、漢《かん》、唐《とう》、宋《そう》、元《げん》、明《みん》、清《しん》などいくつもの王朝が誕生《たんじょう》しましたが、どの時代でも世界一の強国でした。国土の東に海が開けているにもかかわらず、シーパワーへの道を歩まなかったのは、国内の経済《けいざい》力が高く、海に進出して貿易《ぼうえき》をさかんにする必要《ひつよう》があまりなかったからだとも考えられます。

しかし、19世紀《せいき》半ばになると、当時の王朝、清《しん》の力がおとろえはじめます。シーパワーの国であるイギリスなどが中国をねらって進出してきます。イギリスにはアヘン戦争《せんそう》で敗《やぶ》れ、さらに19世紀末《せいきまつ》に日本との戦争《せんそう》にも敗《やぶ》れた清《しん》はやがてたおれます。その後、中華民《ちゅうかみん》国ができますが、日本による侵略《しんりゃく》のために国土があれ、国内は安定せず、戦後《せんご》の内戦状態《ないせんじょうたい》を経《へ》て中華人民共和《ちゅうかじんみんきょうわ》国が建国《けんこく》されたことで、ようやく国力を回復《かいふく》する道を歩みはじめられたのです。

世界一の大国だった中国

満州民族《まんしゅうみんぞく》が建《た》てた清《しん》の時代に、中国は歴史《れきし》上最《もっと》も広い領域《りょういき》を支配《しはい》しました。現在《げんざい》の中国の領土《りょうど》に加《くわ》えて、モンゴル、ロシアの一部などを手に入れ、朝鮮《ちょうせん》やベトナム、シャム（タイ）などを属国《ぞっこく》としていました。

経済《けいざい》力も高く、19世紀《せいき》半ばまでは世界のどの国よりも国内総生産《そうせいさん》（GDP）で、まさっていました。

清《しん》の最大領域《さいだいりょういき》（18世紀《せいき》後半）

半植民地《しょくみんち》化する中国

19世紀《せいき》半ばから、中国（清《しん》）にはイギリスやフランス、ロシアなどが進出してきました。さらに、19世紀末以降《せいきまついこう》は、日本やアメリカにも国土をおびやかされるようになり、中国は半植民地《しょくみんち》化されてしまいます。

清《しん》はたおれ、中華民《ちゅうかみん》国ができますが、国力はなかなか回復《かいふく》できませんでした。

シーパワー国家への挑戦《ちょうせん》

1949年にできた中華人民共和《ちゅうかじんみんきょうわ》国は、社会主義《しゅぎ》の国で、中国共産党《きょうさんとう》が国家の上にあって独裁的《どくさいてき》に国や人民《じんみん》を支配《しはい》しています。1980年に指導《しどう》者となった鄧小平《とうしょうへい》は、社会主義《しゅぎ》の国に資《し》本主義《ほんしゅぎ》のしくみを取り入れる政策《せいさく》を実行して、中国の経《けい》済発展《ざいはってん》の道を開きました。各地《かくち》で工業化が進み、21世紀《せいき》初《はじ》めには、「世界の工場」といわれるまでになりました。やがて、国内総生産《そうせいさん》（GDP）が日本を上回って世界第2位《い》の経済《けいざい》大国となり、現在《げんざい》はアメリカにも追いつく勢《いきお》いです。それにともなって軍事《ぐんじ》力を急速に増強《ぞうきょう》し、世界の超《ちょう》大国の地位《ちい》をしめるまでになりました。

長い間ランドパワーの国だった中国ですが、シーパワーにも力を注ぐようになっています。2012年に中国の指導《しどう》者になった習近平《しゅうきんぺい》は、2013年に「一帯一路《いったいいちろ》」のスローガンを打ち出しました。一帯一路《いったいいちろ》とは、アジアとヨーロッパを結《むす》ぶ陸上《りくじょう》と海上の物流ルートを整備《せいび》し、中国が強いリーダーシップを発揮《はっき》できる巨大《きょだい》な経済圏《けいざいけん》をつくりあげるものです。これまでのランドパワーの強みを生かしながら、さらなる発展《はってん》をとげる。これこそ、中国がシーパワーへの進出をめざす最大《さいだい》の動機《どうき》です。

一帯一路《いったいいちろ》構想《こうそう》でランドパワーとシーパワーの両立を

一帯一路《いったいいちろ》は、正式には「シルクロード経済《けいざい》ベルトと21世紀《せいき》海洋シルクロード」といいます。陸《りく》のルートは、ランドパワーを強化するもの、海のルートは、シーパワーへの進出をめざすものです。

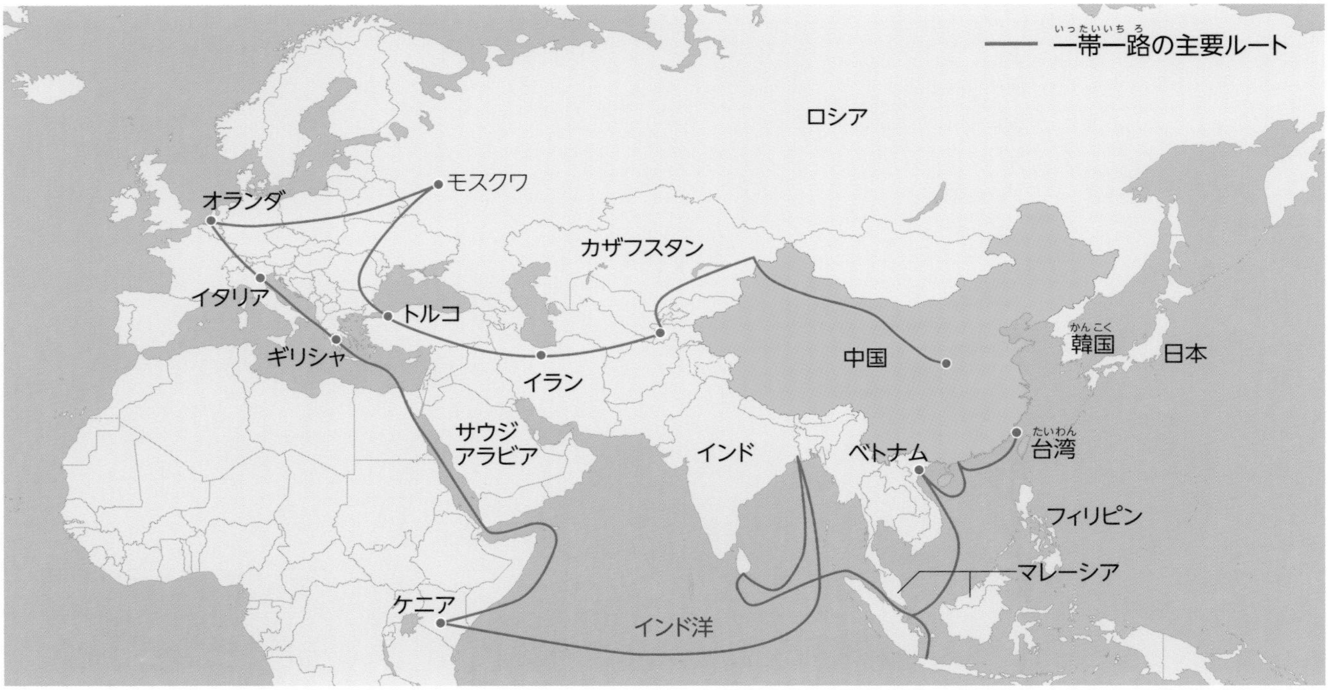

シルクロードとは?

紀元《きげん》前2世紀《せいき》ごろから利用《りよう》されたヨーロッパとアジアの間の交易《こうえき》の道で、中央アジアのオアシスを結《むす》んでいました。主要《しゅよう》な交易《こうえき》品が中国の絹《きぬ》（シルク）だったため、こう呼《よ》ばれるようになりました。海上航路《こうろ》が発達《はったつ》するまでは、交易《こうえき》の主要《しゅよう》なルートでした。この道を通って、多くの商品や文化が行き来し、日本にも影響《えいきょう》をあたえました。

中国の太平洋進出

中国は、太平洋に防《ぼう》衛《えい》線を想定しています。第一列島《れっとう》線は2010年までに、第二列島《れっとう》線は2020年までに確保《かくほ》するという目標《もくひょう》をかかげていましたが、いずれも達成《たっせい》できていません。

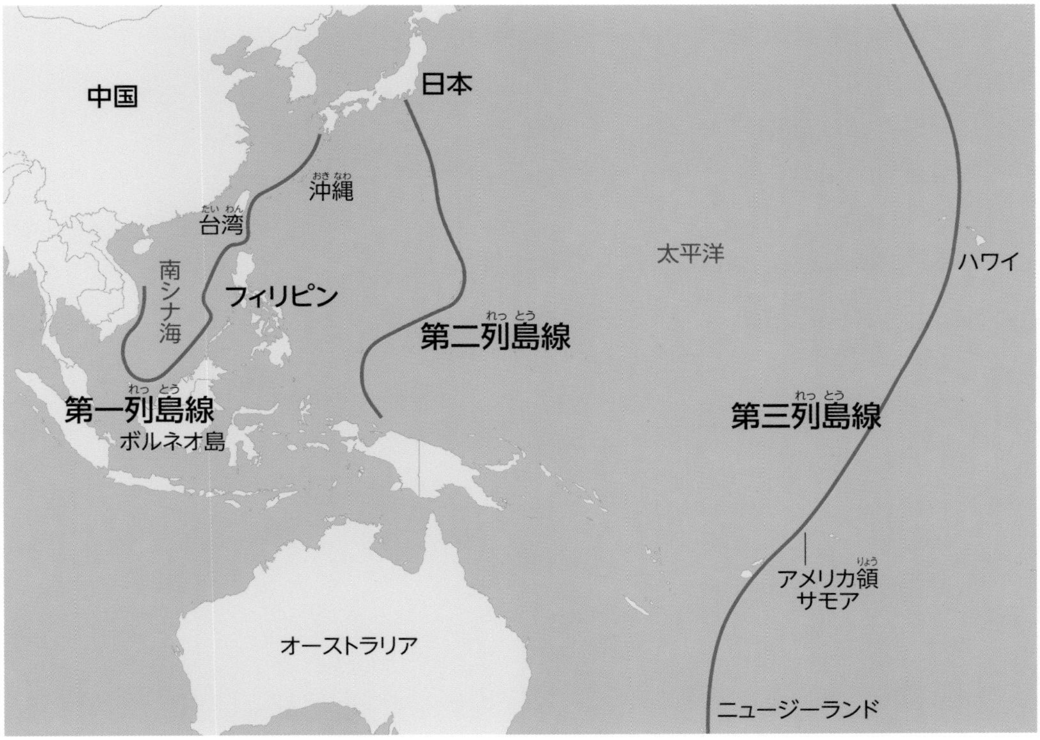

ランドパワーとシーパワーの両立はできる?

中国は、ランドパワーとシーパワーの両立をめざしていますが、歴史《れきし》上、両方をめざして成功《せいこう》した例《れい》はありません。

ランドパワーで広大な領土《りょうど》を支配《しはい》したモンゴル帝国《ていこく》は、日本への遠征《えんせい》に失敗《しっぱい》するなど、シーパワーの国にはなれませんでした。また、シーパワーをのばして南太平洋まで進出した日本も、中国に攻《せ》めこんでランドパワーも得《え》ようとしましたが、戦争《せんそう》に敗《やぶ》れ、実現《じつげん》はしませんでした。

もしも中国が達成《たっせい》すれば、世界史《し》上で初《はじ》めてのことになります。

ランドパワーであるとともにシーパワーの大国もめざす中国は、太平洋方面への進出も視野《しや》に入れています。海軍《かいぐん》にかける軍事《ぐんじ》予算を増《ふ》やし、将来的《しょうらいてき》にはアメリカに匹敵《ひってき》するほどの海《かい》軍《ぐん》を持ちたいと考えています。

その目標《もくひょう》を達成《たっせい》するために、中国は太平洋に3つの防《ぼう》衛《えい》線を想定しています。最《もっと》も中国に近いのが第一列島《れっとう》線で、九州南部から沖縄《おきなわ》、台湾《たいわん》、フィリピン、ボルネオ島、南シナ海を結《むす》ぶ線。これより内側《うちがわ》を中国の内海として他国の艦隊《かんたい》が侵入《しんにゅう》することを許《ゆる》さないラインです。第二列《れっ》島《とう》線は、日本の伊豆諸島《しょとう》、小笠原諸島《おがさわらしょとう》、グアム島、サイパン島からニューギニアにいたるラインです。第一列島《れっとう》線の内側《うちがわ》を整備《せいび》した後は、ここまでを確保《かくほ》するという目標《もくひょう》です。さらに第三列島《れっとう》線は、ハワイからアメリカ領《りょう》サモア、ニュージーランドを結《むす》ぶもので、ここまで中国が進出してくると、アメリカとのしょうとつはさけられないでしょう。

海への進出をめざす

海洋進出をねらう中国は、南シナ海でも活発に動いています。南シナ海は、台湾《たいわん》、ベトナム、フィリピン、ボルネオなどに囲《かこ》まれた海で、小さな島々しかありません。とはいえ、豊《ゆた》かな漁場《ぎょじょう》であり、海底《かいてい》には、石油や天然《てんねん》ガスなどの資源《しげん》があると考えられています。また、多くの貨物《かもつ》船やタンカーの通り道でもあり、中国が想定する第一列島《れっとう》線の内側《うちがわ》に位置《いち》する軍事的《ぐんじてき》にも重要《じゅうよう》な海域《かいいき》です。

中国は、1950年代から南シナ海を九段《くだん》線と呼《よ》ばれるラインで囲《かこ》み、その中の権益《けんえき》は自国のものであると主張《しゅちょう》してきました。また、南シナ海にある南沙諸島《なんさしょとう》に人工島をつくって軍事基地《ぐんじきち》を設《もう》けるなど、強引に自国の領土《りょうど》に組み入れようとしています。

こうした動きに、周辺《しゅうへん》国のベトナム、フィリピン、マレーシア、ブルネイなどが反発し、中国との関係《かんけい》が悪化しています。

南シナ海への進出

南シナ海で中国は、九段《くだん》線の内《うち》側《がわ》は自国の領土《りょうど》であると主張《しゅちょう》しています。九段《くだん》線は国際法《こくさいほう》を無視《むし》するもので、周辺《しゅうへん》国のベトナム、フィリピン、マレーシア、ブルネイは認《みと》めていません。

日本へ物資《ぶっし》を運ぶ船が通るルートもこの海域《かいいき》にあるので、日本にも関係《かんけい》の深い、たいへん重要《じゅうよう》な問題です。

アフロ

中国が南シナ海につくった人工島。戦闘《せんとう》機《き》が離着陸《りちゃくりく》できる滑走路《かっそうろ》などの軍事施設《ぐんじしせつ》がつくられている。

中国とインドは1962年に国境争《こっきょうあらそ》いによる紛争《ふんそう》が起こるなど、仲《なか》のよい関係《かんけい》ではありません。2000年代に入り中国が本格的《ほんかくてき》に海洋に進出すると、インド洋では「真珠《しんじゅ》の首かざり」という戦略《せんりゃく》をとりました。これは、ミャンマー、スリランカ、パキスタン、ソマリアなどに中国の船が寄港《きこう》できる港湾《こうわん》をつくり、中東や東アフリカへのルートを確保《かくほ》するためのものです。その拠点《きょてん》を線で結《むす》ぶと、インドに首かざりをつけたように見えることからこう呼《よ》ばれます。

しかし、インドからしてみれば自国に近い海域《かいいき》を中国におさえられ、軍事的《ぐんじてき》にもおびやかされることになります。そこでインドは、東南アジアやインド洋沿岸《えんがん》の国と手を結《むす》び、真珠《しんじゅ》の首かざりを外側《そとがわ》から取《と》り囲《かこ》む「ダイヤのネックレス」戦略《せんりゃく》をとって対抗《たいこう》しています。また、アメリカ、日本、オーストラリアとQuad《クアッド》（日米豪印戦略《ごういんせんりゃく》対話）のわく組みを形成《けいせい》しているのも中国をおさえこむための戦略《せんりゃく》です。

インド洋の首かざり

中国のインド洋への進出戦略《せんりゃく》に、インドも他国と協力《きょうりょく》して対抗《たいこう》しています。ただし、インドにとって中国は最大《さいだい》の貿易《ぼうえき》相手国でもあるので、決定的《てき》な対立はさけたいと考えているようです。

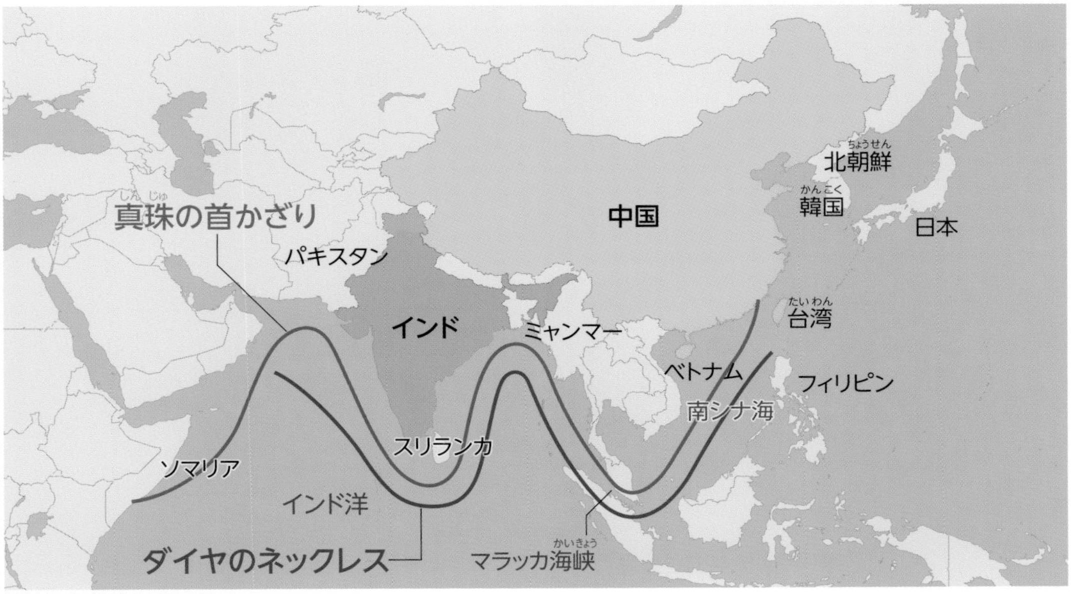

Cynet Photo

チベットからインドに亡命《ぼうめい》したダライ・ラマ14世。

中国とインドの対立

1950年代半ばまで、中国とインドは友好《ゆうこう》的《てき》な関係《かんけい》でした。しかし、1959年に中国が併合《へいごう》したチベットで動乱《どうらん》が起き、チベットの最高指導《さいこうしどう》者ダライ・ラマ14世がインドに亡命《ぼうめい》して亡命政府《ぼうめいせいふ》をつくったことで両国の関係《かんけい》が悪化しました。

1962年には、国境争《こっきょうあらそ》いがもとで軍事《ぐんじ》しょうとつが起こりました。その後、1965年にインドとパキスタンとの間で戦争《せんそう》が起こった際《さい》、中国はパキスタンを支援《しえん》しました。

台湾《たいわん》問題と新冷戦《れいせん》

世界の超《ちょう》大国をめざす中国は、国の内外にさまざまな問題をかかえています。そのひとつが台湾《たいわん》に関《かん》する問題です。

1945年に第二次世界大戦《たいせん》が終わり、中国に侵攻《しんこう》していた日本軍《ぐん》が撤退《てったい》すると、中国国内で、国民党《こくみんとう》と共産党《きょうさんとう》による内戦《ないせん》が起こります。1949年、中華民国《ちゅうかみん》を支配《しはい》していた国民党《こくみんとう》が共産党《きょうさんとう》に敗《やぶ》れて台湾《たいわん》にのがれると、共産党《きょうさんとう》が中華人民共和国《ちゅうかじんみんきょうわ》を建国《けんこく》しました。やがて国際《こくさい》社会は国土の大部分を支配《しはい》している中華人民共和国《ちゅうかじんみんきょうわ》を中国の代表と認《みと》め、台湾《たいわん》は中国の一部であると主張《しゅちょう》する中国の言い分を聞き入れるようになりました。中国と台湾《たいわん》のこうした関係《かんけい》は現在《げんざい》まで続《つづ》いています。台湾《たいわん》は中国が引いた第一列島《れっとう》線（→25ページ）上にあるため、台湾《たいわん》が中国に対して反発するようであれば第一列島《れっとう》線の内側《うちがわ》の確《かく》保《ほ》は難《むずか》しくなります。中国としては、なんとしても台湾《たいわん》を支配《しはい》下に置《お》きたいと考えています。一方、アメリカや日本にしてみれば、中国の脅威《きょうい》が増《ま》すことになるので、これを阻止《そし》したい考えです。

2つの中国の問題

大陸《たいりく》と台湾《たいわん》にそれぞれの政府《せいふ》があり、おたがいに自分たちが正統《せいとう》な政府《せいふ》であると主張《しゅちょう》しています。

台湾政府《たいわんせいふ》は、自らを中華民国《ちゅうかみん》と名乗っていますが、国際《こくさい》社会で台湾《たいわん》を国家と認《みと》める国は少なく、国際連合《こくさいれんごう》にも加盟《かめい》できていません。多くの国は、中華人民共和国《ちゅうかじんみんきょうわ》が中国のただひとつの政府《せいふ》と認《みと》め、台湾《たいわん》はその一地域《ちいき》であるとしています。

台湾最大《たいわんさいだい》の都市《とし》、台北《タイペイ》の街並《まちな》み。

中国は、台湾《たいわん》を統合《とうごう》したいと考えている。

アメリカや日本は、台湾《たいわん》を中国が海洋進出する際《さい》の防波堤《ぼうはてい》にしたいと考えている。

これまで見てきたように、経済力《けいざいりょく》と軍事力《ぐんじりょく》を高めた中国は、ランドパワーに加《くわ》えてシーパワーもつけようとしています。「中華《ちゅうか》思想（中国は世界の中心）」という考え方をもとに、着実に領《りょう》土《ど》を広げ、建国《けんこく》100周年《しゅうねん》に当たる2049年には、国力世界一をめざすという構想《こうそう》を持っています。

当然《とうぜん》アメリカはそのような中国の計画をはばもうとします。中国が世界一の国力をめざすということは、アメリカの地位《ちい》と安全がおびやかされることになるからです。すると、アメリカと中国の間に対立が起こります。実は、このような両国のいがみあいはすでに始まっており、「新冷戦《れいせん》」と呼《よ》ばれます。かつてアメリカとソ連《れん》が冷《れい》戦《せん》と呼《よ》ばれる対立をしていたように、アメリカと中国の間で新たな冷戦《れいせん》が起こっているというわけです。

アメリカは、中国の政策《せいさく》を批判《ひはん》し、貿易《ぼうえき》のしかたが不《ふ》公正であるとして経済制裁《けいざいせいさい》をしていますが、中国をおさえこむことはできていません。両国の対立と戦略《せんりゃく》は、今後の国際《こくさい》社会を動かす軸《じく》となっていくことでしょう。

中国とアメリカの新冷戦《れいせん》

貿易《ぼうえき》に関《かん》する問題、チベットなど少数民族《みんぞく》の問題、台湾《たいわん》をめぐる問題などで、アメリカが中国を批判《ひはん》し、中国がそれに反発しています。

アメリカは中国に「自由と民主主義《みんしゅしゅぎ》」を求《もと》めていますが、中国の対応《たいおう》は消極的《しょうきょくてき》です。

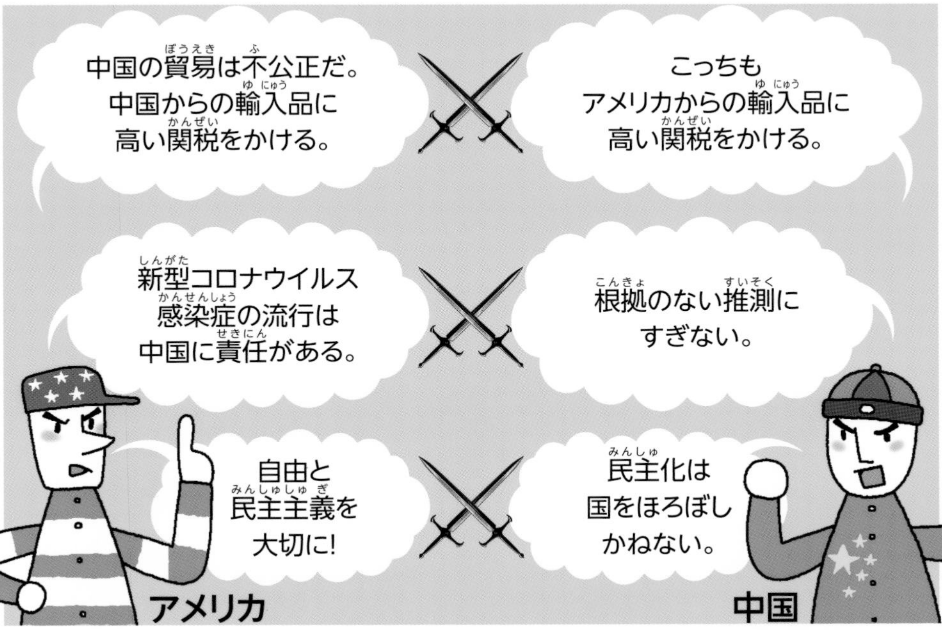

首脳《しゅのう》同士の会談も

2022年11月、G20サミット参加《さんか》のためにインドネシアのバリ島を訪《おとず》れた中国の習近《しゅうきん》平《ぺい》国家主席とアメリカのバイデン大統領《だいとうりょう》が首脳《しゅのう》会談を行いました。台湾《たいわん》問題についてはおたがいにゆずれない一線があると発言しました。

Cynet Photo

中国の習近平《しゅうきんぺい》国家主席（左）とアメリカのバイデン大統領《だいとうりょう》（右）。

大国の通り道になる半島国家

日本に近い朝鮮《ちょうせん》半島は、東アジアの安全にとって重要《じゅうよう》な意味を持っています。ここからは、朝鮮《ちょうせん》半島を中心とした国際関係《こくさいかんけい》について考えていくことにしましょう。

まず、半島国家の地政学的《ちせいがくてき》な特《とく》ちょうを見てみます。半島とは、大陸《たいりく》と陸続《りくつづ》きで、海につき出た地形をさします。ユーラシア大陸《たいりく》からつき出した朝鮮《ちょうせん》半島は、典型的《てんけいてき》な半島国家といえます。このような場所は、大国が海へと進出していくときの通り道になりがちです。朝鮮《ちょうせん》半島は昔からまさにそのような歴史《れきし》をたどってきました。

日本のような島国は四方を海に囲《かこ》まれているため、外からは攻《せ》めこまれにくいのですが、半島の場合は、他国と国境《こっきょう》でとなり合う場所があるため、攻《せ》めこまれやすく、反対に多くを海に囲《かこ》まれているためにげ場《ば》がありません。そのため、近隣《きんりん》の大国から攻《せ》めこまれないように、ふだんから外交に力を入れ、ときには大国のいうことを聞かなければならない場合があります。朝鮮《ちょうせん》半島の国は、古くから中国に服属《ふくぞく》する関係《かんけい》にありました。また、モンゴルや日本、ロシアなどが他国へ侵攻《しんこう》する際《さい》に通り道になった歴史《れきし》もあります。

通路になった朝鮮《ちょうせん》半島

朝鮮《ちょうせん》半島は、古くからしばしば大国の通り道になりました。日本への侵攻《しんこう》をくわだてたモンゴル帝国《ていこく》、明《みん》へ攻《せ》めこもうとした日本などに侵略《しんりゃく》された歴史《れきし》があります。

また、となりの中国からは、つねに攻《せ》めこまれるおそれがあったため、服属関係《ふくぞくかんけい》にありました。

モンゴル帝国《ていこく》の日本侵攻《しんこう》
(1273年、1281年)
13世紀《せいき》に強大になったモンゴル帝国《ていこく》は、当時朝《ちょう》鮮《せん》半島にあった高麗《こうらい》を支配《しはい》し、日本に攻《せ》めこむ通り道とした。

日本からの侵攻《しんこう》
(1592年、1597年)
16世紀末《せいきまつ》に明《みん》に攻《せ》めこもうとした日本に侵略《しんりゃく》された。

日清戦争《にっしんせんそう》
(1894～1895年)
朝鮮《ちょうせん》を服属《ふくぞく》させておこうとする清《しん》と、独立《どくりつ》させようとする日本との間で、朝鮮《ちょうせん》半島を戦場《せんじょう》にした戦争《せんそう》が起こった。

日露戦争《にちろせんそう》
(1904～1905年)
朝鮮《ちょうせん》半島や満州《まんしゅう》の権益《けんえき》をめぐって日本とロシアの間で戦争《せんそう》が起こった。朝鮮《ちょうせん》半島は戦場《せんじょう》となった。

日本による植民地《しょくみんち》化
(1910～1945年)
中国に進出しようとする日本に植民地《しょくみんち》化された。

南北に分断《ぶんだん》
(1945年～)
アメリカとソ連《れん》の占領《せんりょう》を経《へ》て、南北に分断《ぶんだん》され、朝鮮戦争《ちょうせんせんそう》が起こった。

朝鮮《ちょうせん》半島と似《に》た歴史《れきし》を持つのが、ヨーロッパのバルカン半島とイベリア半島です。

バルカン半島は、ヨーロッパの東南部にあり、地中海につき出た半島で、古くから大国の通路になってきました。古代には強大なローマ帝国《ていこく》に攻《せ》めこまれて、その支配《しはい》を受けました。その後、ゲルマン民族《みんぞく》の侵攻《しんこう》にさらされ、さらにビザンツ帝国《ていこく》の一部になりました。イスラム教のオスマン帝国《ていこく》が勢力《せいりょく》をのばすとその領《りょう》土《ど》に組み入れられたこともあります。18世紀《せいき》には、敵対《てきたい》するスラブ民族《みんぞく》のロシアとゲルマン民族《みんぞく》のオーストリアにはさまれ、「バルカンはヨーロッパの火薬庫」と言われました。20世紀《せいき》前半、第一次世界大戦《たいせん》が始まるきっかけとなったサラエボ事件《じけん》（オーストリア帝位継承者暗《ていいけいしょうあん》殺《さつ》）が起こった場所でもありました。

スペインとポルトガルのあるイベリア半島は、ヨーロッパのキリスト教圏《けん》と中東から北アフリカにかけてのイスラム教圏《けん》のはざまにあり、イスラム教のイスラム帝《てい》国《こく》が勢力《せいりょく》を持った時期は、その領土《りょうど》になっていました。

これらの例《れい》は、半島国家の地政学的《ちせいがくてき》な宿命ともいえるのです。

バルカン半島の歩み

バルカン半島は、ヨーロッパ、アジア、中東の境界《きょうかい》に位置《いち》し、さまざまな民族《みんぞく》の占領《せんりょう》下にあったほか、キリスト教とイスラム教の勢力《せいりょく》がせめぎ合う場所でもありました。約《やく》2000年もの間、大国に支配《しはい》され続《つづ》けました。

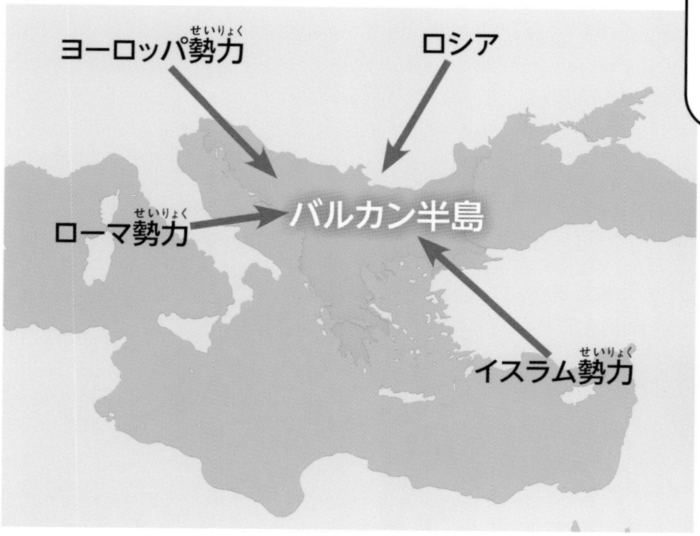

イベリア半島の歩み

キリスト教圏《けん》とイスラム教圏《けん》のはざまにあり、両勢力《せいりょく》がせめぎあう場所でした。また、19世紀初《せいきはじ》めにはナポレオンが率《ひき》いるフランスに攻《せ》めこまれたこともありました。

イスラム帝国《ていこく》の最大領土《さいだいりょうど》（7〜8世紀《せいき》）

スペインのグラナダに残《のこ》るイスラム建築《けんちく》のアルハンブラ宮殿《きゅうでん》。

南北に分かれた民族《みんぞく》

朝鮮《ちょうせん》半島に住む人々の多くは朝鮮民族《ちょうせんみんぞく》ですが、現在《げんざい》は2つの国に分かれています。どうしてこのようなことになったのでしょうか。

第二次世界大戦《たいせん》で日本が降伏《こうふく》し、それまで植民地《しょくみんち》にしていた朝鮮《ちょうせん》半島から撤退《てったい》しました。終戦《しゅうせん》とともに北緯《ほくい》38度線を境《さかい》として北をソ連《れん》が、南をアメリカが占領《せんりょう》しました。分断《ぶんだん》の当初《とうしょ》は統一《とういつ》国家にする協議《きょうぎ》が行われましたが、アメリカとソ連《れん》の対立が激《はげ》しくなると、話し合いは決《けつ》裂《れつ》に終わりました。1948年に、北は朝鮮民主主義人民共《ちょうせんみんしゅしゅぎじんみんきょう》和《わ》国（北朝鮮《ちょうせん》）、南は大韓民《だいかんみん》国（韓国《かんこく》）として、それぞれ独立《どくりつ》しました。

1950年、北朝鮮《ちょうせん》が南北統一《とういつ》をめざして韓国《かんこく》に侵攻《しんこう》し、半島の南端《なんたん》近くまで攻《せ》めこみました。朝鮮戦争《ちょうせんせんそう》の始まりです。国連《こくれん》はこれを侵略《しんりゃく》とみなし、アメリカ軍《ぐん》を中心とする国連軍《こくれんぐん》を送りました。国連軍《こくれんぐん》は北朝鮮軍《ちょうせんぐん》を中国との国境《こっきょう》近くまで追いつめましたが、中国の人民義勇軍《じんみんぎゆうぐん》が北朝鮮《ちょうせん》を支援《しえん》しておしもどしました。

1953年になって休戦協定《きゅうせんきょうてい》が結《むす》ばれ、それ以後《いご》、休戦状《きゅうせんじょう》態《たい》が続《つづ》いています。こうして朝鮮《ちょうせん》半島は、同じ民族《みんぞく》でありながら2つの国に分断《ぶんだん》された状態《じょうたい》が固定《こてい》化したのです。

朝鮮戦争《ちょうせんせんそう》の経過《けいか》

第二次世界大戦《たいせん》後、朝鮮《ちょうせん》半島には、資本主義《しほんしゅぎ》の大韓民《だいかんみん》国（韓国《かんこく》）と社会主義《しゅぎ》の朝鮮民《ちょうせんみん》主主義人民共和《しゅしゅぎじんみんきょうわ》国（北朝鮮《ちょうせん》）ができました。

韓国《かんこく》にはアメリカが、北朝《ちょう》鮮《せん》にはソ連《れん》や中国が、それぞれ支援《しえん》にまわりました。朝鮮《ちょうせん》戦争《せんそう》は、アメリカとソ連《れん》の対立を反映《はんえい》するものでした。これにより、家族や親戚《しんせき》が南北に分かれてしまうなどの悲劇《ひげき》が生まれました。

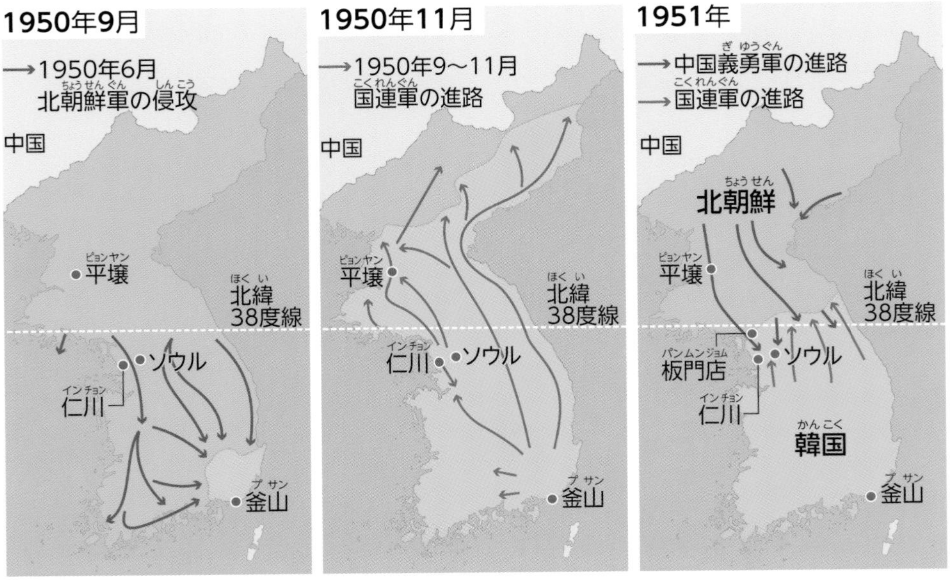

板門店《パンムンジョム》の様子。会議《かいぎ》場などがあり、観光《かんこう》客が訪《おとず》れることもできる。

軍事境界《ぐんじきょうかい》線のある板門店《パンムンジョム》

1953年の休戦協定《きゅうせんきょうてい》で定められた軍事境《ぐんじきょう》界《かい》線をふくむ一帯《いったい》は板門店《パンムンジョム》と呼《よ》ばれ、現在《げんざい》も北朝鮮軍《ちょうせんぐん》と韓国軍《かんこくぐん》・国連軍《こくれんぐん》の兵士《へいし》がにらみ合っています。朝鮮《ちょうせん》半島分断《ぶんだん》を象徴《しょうちょう》する場所となっています。

南北首脳会談《しゅのう》

韓国《かんこく》と北朝鮮《ちょうせん》は、おたがいが相手国を国とは認《みと》めておらず、自分たちが正統《せいとう》な国家だと主張《しゅちょう》しています。その一方で、これまでには南北統一《とういつ》を視野《しや》に入れた首脳《しゅのう》会談も行われています。

初《はじ》めての南北首脳《しゅのう》会談が行われたのは、2000年6月のことで、韓国《かんこく》の金大中大統領《キムデジュンだいとうりょう》が北朝《ちょう》鮮《せん》を訪《おとず》れ、金正日総書記《キムジョンイルそうしょき》と会談しました。

KCNA/AP/アフロ

初《はじ》めての南北首脳《しゅのう》会談を前に、握手《あくしゅ》する金大中大統領《キムデジュンだいとうりょう》(左)と、金正日《キムジョンイル》総書記《そうしょき》(右)。

スポーツの世界での統一《とういつ》

オリンピックや世界選手権《せんしゅけん》など、スポーツの国際《こくさい》大会に南北合同チームが出場したこともあります。2018年の冬季《とうき》オリンピック平昌《ピョンチャン》大会では、統一旗《とういつき》をかかげ、「コリア」という名称《めいしょう》で、合同チームとして入場行進をしました。

Cynet Photo

平昌《ピョンチャン》大会で、いっしょに入場行進をする南北合同チーム。

朝鮮《ちょうせん》半島の2つの国は、社会のしくみが異《こと》なり、経済的《けいざいてき》にも格差《かくさ》が大きい国としてそれぞれ個別《こべつ》の道を歩んできました。南北の首《しゅ》脳《のう》が会談するなど、統一《とういつ》への動きがうかがえることもありましたが、実現《じつげん》にはいたっていません。

北朝鮮《ちょうせん》は中国との結《むす》びつきが強く、一方の韓国《かんこく》はアメリカとの関係《かんけい》が深く、アメリカの軍事基地《ぐんじきち》が置《お》かれてもいます。もしも南北が統一《とういつ》すると、中国と朝鮮《ちょうせん》半島をへだてる国境《こっきょう》線を境《さかい》に中国側《がわ》とアメリカの友好《ゆうこう》国の領《りょう》土《ど》が直接《ちょくせつ》となりあう可能性《かのうせい》もあり、一気に緊張《きんちょう》が高まるでしょう。仮《かり》に、統一《とういつ》された国が韓国《かんこく》のような資本主義《しほんしゅぎ》の国になった場合、アメリカの軍事施設《ぐんじしせつ》が中国との国境《こっきょう》近くに新たにできることも考えられます。これは、中国にとっては自国の安全がおびやかされるのでさけたい事態《じたい》です。このような当事国以外《いがい》の思惑《おもわく》もあって、朝鮮《ちょうせん》半島の統一《とういつ》は現実《げんじつ》にはなかなか進んでいません。

また、統一《とういつ》後もそれぞれの社会制度《せいど》は変《か》えない、連邦《れんぽう》制《せい》をとってはどうかという案《あん》もあります。

韓国《かんこく》をめぐる国際関係《こくさいかんけい》

朝鮮《ちょうせん》半島の南側《みなみがわ》の韓国《かんこく》は、「クジラにはさまれたエビ」にたとえられます。中国、ロシア、日本といった大国に囲《かこ》まれ、歴史的《れきしてき》にもこれらの国にたびたびおびやかされたからです。

第二次世界大戦《たいせん》後にアメリカの支援《しえん》を受けて独立《どくりつ》した韓国《かんこく》は、冷戦《れいせん》時代はアメリカ側《がわ》の一員として、アメリカ、日本と同盟関係《どうめいかんけい》にありました。アメリカからすると、日本と同じように、ソ連《れん》などの社会主義《しゅぎ》国の勢力《せいりょく》を食い止める防波堤《ぼうはてい》の役割《やくわり》をになう国だったのです。

冷戦《れいせん》後の現在《げんざい》も、アメリカや日本と同盟関係《どうめいかんけい》にあることは変《か》わりません。しかし、ロシアや中国といった社会主《しゅ》義《ぎ》の国との関係《かんけい》は大きく変《か》わっています。冷戦《れいせん》時代には、韓国《かんこく》はソ連《れん》や中国と国交を結《むす》んでいませんでしたが、冷《れい》戦終結《せんしゅうけつ》後、1990年にソ連《れん》と、1992年には中国と国交を結《むす》びました。

韓国《かんこく》としては、アメリカや日本とだけでなく、ロシアや中国とも関係《かんけい》をうまく保《たも》っていかなければなりません。中でも中国との関係《かんけい》は非常《ひじょう》に重要《じゅうよう》な問題です。

クジラにはさまれたエビ

韓国《かんこく》の李承晩《イスンマン》初代大統領《しょだいだいとうりょう》は、自らの国のことを「クジラにはさまれたエビ」と表現《ひょうげん》しました。中国や日本といった大国にはさまれた小さな国であるということのたとえです。

このように韓国《かんこく》は、自国の生き残りのために、周辺《しゅうへん》の国々とよい関係《かんけい》を保《たも》つよう気を配る必要《ひつよう》があるのです。

国際関係《こくさいかんけい》の変化《へんか》

1992年、韓国《かんこく》は中国と国交を結《むす》びました。朝鮮戦争《ちょうせんせんそう》で戦《たたか》った両国ですが、冷戦《れいせん》が終わったことを受けて、新しい関係《かんけい》を築《きず》くことになりました。

以後《いご》、両国の貿易額《ぼうえきがく》はぐんぐん増《ふ》え、中国が韓国《かんこく》にとっていちばんの貿易《ぼうえき》相手国になりました。

AP/アフロ

1992年、国交を結《むす》ぶ文書に署名《しょめい》して握手《あくしゅ》を交わす韓国《かんこく》と中国の外務大臣《がいむだいじん》。

現在《げんざい》、韓国《かんこく》にとって中国は、最大《さいだい》の貿易《ぼうえき》相手国です。韓国《かんこく》には中国にたくさんものを輸《ゆ》出《しゅつ》することで、経済《けいざい》を活発にしたいという思いがあります。そのため、中国との関係《かんけい》が悪くならないよう細心の注意をはらっています。

中国国内には、これまでの歴史的《れきしてき》なできごとや領土《りょうど》問題などを通じて、日本に対して好意的《こういてき》ではない立場（反日）をとる人が大勢《おおぜい》います。それは韓国《かんこく》も同様です。韓国《かんこく》は反日の姿勢《しせい》をしっかりと現《あらわ》すことで、中国との関係《かんけい》を深めて、より親密《しんみつ》につきあっていくことをもくろんでいるのです。しかし、あまり中国寄《よ》りになりすぎると、アメリカとの関係《かんけい》が悪くなります。韓国《かんこく》は、中国ともアメリカとも仲《なか》よくできるようにバランスをとった外交をしていくのではないでしょうか。

2022年の時点で、日本との関係《かんけい》はよくありませんが、同盟《どうめい》を解消《かいしょう》するなどの方向に向かうことはないでしょう。反日の姿勢《しせい》を見せることは、中国や国内へのアピールであるとともに、外交上のかけひきのひとつなのです。

韓国《かんこく》の外交戦略《せんりゃく》

韓国《かんこく》は軍事的《ぐんじてき》にはアメリカと同盟関係《どうめいかんけい》にあります。同じく同盟関係《どうめいかんけい》にある日本との仲《なか》は、あまりよくありません。一方で、韓国《かんこく》の経済《けいざい》上のつながりは、中国が最《もっと》も強く、中国との関係《かんけい》も大切にしなくてはなりません。

地政学的《ちせいがくてき》に大国に囲《かこ》まれた韓国《かんこく》は、これからもひとつの国にかたよらない外交戦略《せんりゃく》をとっていくことでしょう。

ただし、将来《しょうらい》アメリカと中国の対立が激《はげ》しくなれば、韓国《かんこく》はどちらにつくかという決断《けつだん》をせまられることになるかもしれません。

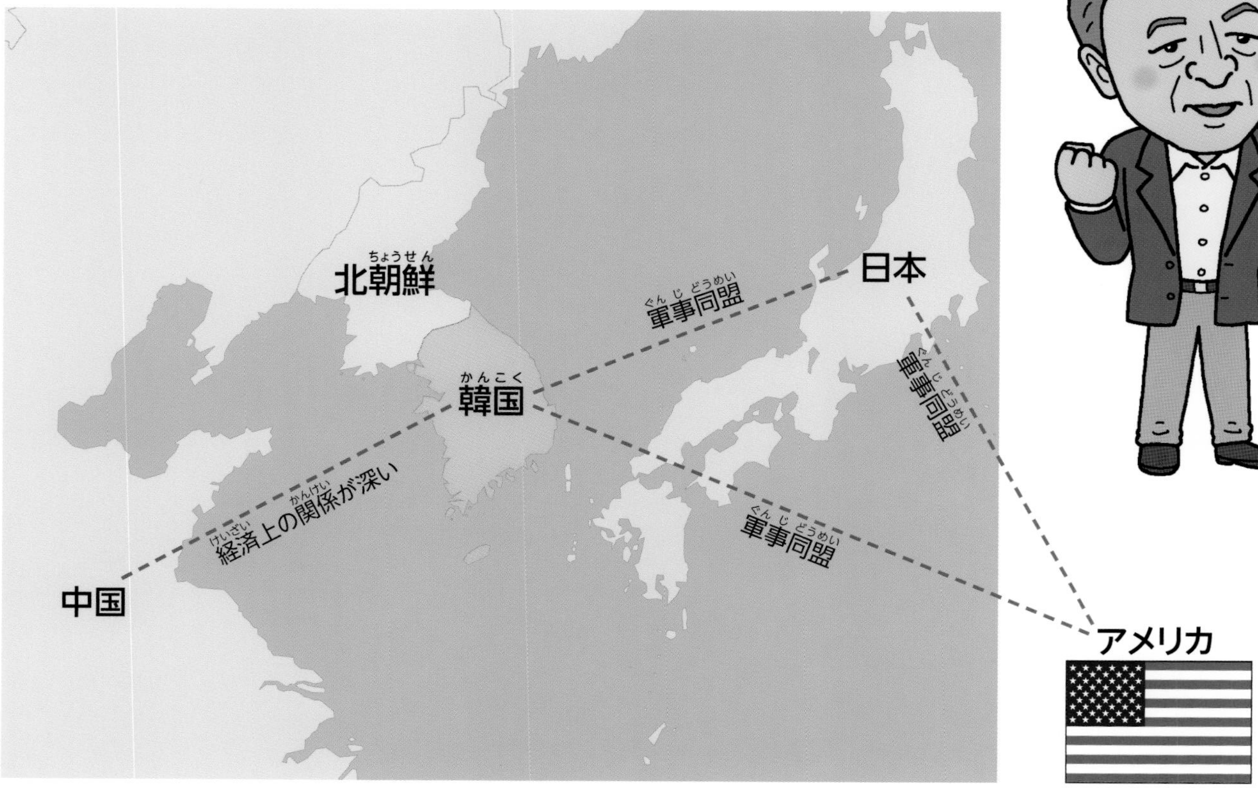

北朝鮮《ちょうせん》をめぐる国際関係《こくさいかんけい》

これまでに何度も核実験《かくじっけん》を行い、ミサイル発射《はっしゃ》をくり返している北朝鮮《ちょうせん》は、周辺《しゅうへん》の国にとってたいへん危険《きけん》な存在《そんざい》です。ミサイルの開発状況《じょうきょう》ははっきりとはわかりませんが、すでにアメリカまで届《とど》く技術《ぎじゅつ》を開発《かいはつ》している可能性《かのうせい》があります。

経済《けいざい》力や軍事《ぐんじ》力が小さい北朝鮮《ちょうせん》にとって、核兵器《かくへいき》やミサイルを持つことは、国を存続《そんぞく》させるうえで重要《じゅうよう》な戦略《せんりゃく》です。核兵器《かくへいき》を持っているとアピールすることで、敵国《てきこく》がむやみに攻《せ》めてこられないようにする効果《こうか》があるからです。

北朝鮮《ちょうせん》はアメリカや日本を敵国《てきこく》とみなしていますが、やみくもに攻撃《こうげき》しようとしているわけではありません。核兵《かくへい》器《き》を持っていると言うことで、経済的援助《けいざいてきえんじょ》を引き出す切り札にしようと考えているものと思われます。外交交渉《こうしょう》を優《ゆう》位《い》に進めるために核兵器《かくへいき》やミサイルをうまく利用《りよう》しているともいえるのです。

北朝鮮《ちょうせん》は中国や日本、ロシア、アメリカという大国とうまくやりあって、経済援助《けいざいえんじょ》を引き出し、国を豊《ゆた》かにしようとしています。

北朝鮮《ちょうせん》の核兵器《かくへいき》開発

北朝鮮《ちょうせん》は、2000年代から核《かく》開発を進め、2006年、2009年、2013年、2016年（2回）、2017年と、合計6回の核実験《かくじっけん》を実施《じっし》しています。ミサイルの射程距離《しゃていきょり》が1万kmあれば、アメリカ本土を攻撃《こうげき》することもできます。

これにより、アメリカとの交渉《こうしょう》を有利《ゆうり》に進めることができるのです。

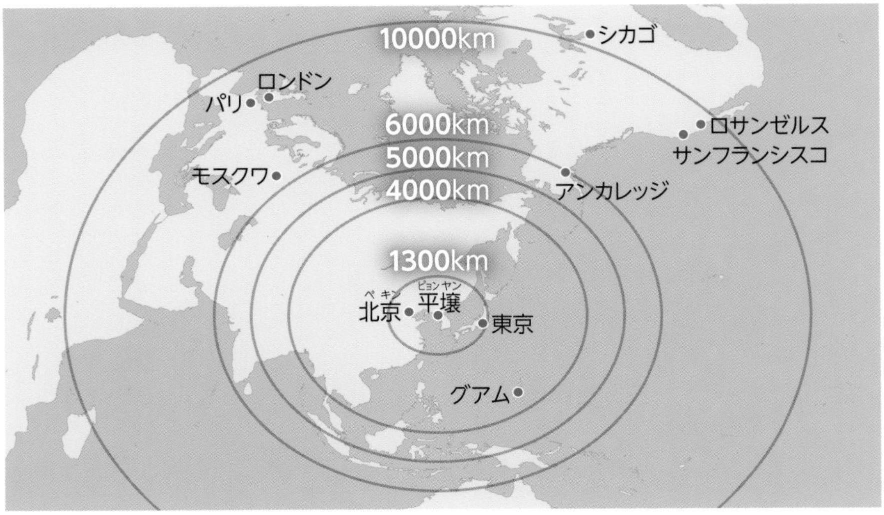

朝日新聞社／Cynet Photo

6か国協議《きょうぎ》に集まった各国《かっこく》の代表。

6か国協議《きょうぎ》も効果《こうか》なし

北朝鮮《ちょうせん》による核実験《かくじっけん》の実施《じっし》が判明《はんめい》すると、北朝鮮《ちょうせん》、韓国《かんこく》、日本、中国、ロシア、アメリカの間で6か国協議《きょうぎ》が開かれました。北朝鮮《ちょうせん》の核《かく》開発を止めるための話し合いがもたれましたが、開発をやめさせることはできませんでした。

北朝鮮《ちょうせん》にとって中国は、朝鮮戦争《ちょうせんせんそう》のときに助けてくれた国です。現在《げんざい》も貿易《ぼうえき》の相手国として深いつながりがあります。ただし、親しいつきあいが中国1か国だけにかたよると、中国に足もとを見られて、なんでもいうことを聞かなければならなくなってしまいます。北朝鮮《ちょうせん》としてもそのような状況《じょうきょう》はさけたいので、いろいろな国との交渉《こうしょう》の窓口《まどぐち》は残《のこ》しています。ただ、ほかの国に近づきすぎると、中国がよくは思わないことも考えられるため、注意深く行動する必要《ひつよう》があります。

これまで、ロシアとは、石油などを輸入《ゆにゅう》し、金属《きんぞく》を輸出《ゆしゅつ》する関係《かんけい》でしたが、近年は、その額《がく》を増《ふ》やしています。北朝鮮《ちょうせん》としては、貿易《ぼうえき》の相手が中国に集中しないようにするとともに、ロシアとの関係《かんけい》をよくしておきたいと考えています。

北朝鮮《ちょうせん》とアメリカとの間には国交がありませんが、トランプ大統領《だいとうりょう》のときに首脳《しゅのう》会談が実現《じつげん》しました。両国の関《かん》係《けい》がいっきに改善《かいぜん》されるかと見られましたが、その後の進《しん》展《てん》はとどこおっています。

北朝鮮《ちょうせん》の外交

核兵器《かくへいき》やミサイルをちらつかせながら、各国《かっこく》と交渉《こうしょう》をします。敵国《てきこく》から攻《せ》められないようにするとともに、交渉《こうしょう》を有利《ゆうり》に進めて経《けい》済援助《ざいえんじょ》を引き出そうとしています。中国やロシアとの関係《かんけい》はよくしたいと考えています。

アメリカ大統領《だいとうりょう》と会談

2018年と2019年に、アメリカのトランプ大統領《だいとうりょう》と北朝鮮《ちょうせん》の金正恩最高指導者《キムジョンウンさいこうしどう》が会談をしました（ほかに2019年にも面会しています）。

長年敵対関係《てきたいかんけい》にあった両国の首脳《しゅのう》が直接《ちょくせつ》会うのは初《はじ》めてでした。

Cynet Photo

2巻《かん》のまとめ

地政学《ちせいがく》で見る日本

海に囲《かこ》まれた日本は他国から攻《せ》められにくく、
シーパワーの国として発展《はってん》した。

明治《めいじ》時代以降《いこう》、大陸《たいりく》への進出をめざした。
やがて朝鮮《ちょうせん》半島を植民地《しょくみんち》にし、中国へも侵攻《しんこう》した。

シーパワーのアメリカと戦争《せんそう》になり敗《やぶ》れた。
戦後《せんご》は経済《けいざい》大国として復興《ふっこう》した。

アメリカとは日米安全保障条約《ほしょうじょうやく》を結《むす》び、同盟関係《どうめいかんけい》にある。
ロシアとは北方領土《りょうど》問題がある。
中国は尖閣諸島《せんかくしょとう》を自国の領土《りょうど》であると主張《しゅちょう》している。
韓国《かんこく》とは竹島の領土《りょうど》問題がある。
北朝鮮《ちょうせん》とは国交を結《むす》んでいない。

地政学《ちせいがく》で見る中国

中国はランドパワーの大国の歴史《れきし》を持つ。
近年経済発展《けいざいはってん》をとげ、シーパワーの国をめざしている。
超《ちょう》大国への道を歩み、アメリカとの間で新冷戦《れいせん》の状態《じょうたい》にある。

地政学《ちせいがく》で見る朝鮮《ちょうせん》半島

朝鮮《ちょうせん》半島は大国の通路だった歴史《れきし》を持つ。
戦後《せんご》、南北に分断《ぶんだん》された国家ができた。

韓国《かんこく》は、アメリカ、中国との
バランスを考えた外交戦略《せんりゃく》をとっている。

北朝鮮《ちょうせん》は核兵器《かくへいき》を持ち、ミサイルを発射《はっしゃ》することで
外交交渉《こうしょう》を有利《ゆうり》にしたいと考えている。

さくいん

あ行

- アヘン戦争《せんそう》……23
- イスラム帝国《ていこく》……31
- 李承晩《イスンマン》……21、34
- 一帯一路《いったいいちろ》……24
- 委任統治領《いにんとうちりょう》……9
- イベリア半島……31
- 李明博《イミョンバク》……20
- ABCD包囲陣《ほういじん》……11
- 大輪田泊《おおわだのとまり》……6

か行

- 樺太《からふと》・千島交換条約《こうかんじょうやく》……16、17
- 漢《かん》……23
- 韓国《かんこく》……9、20、21、32、33、34、35、38
- 韓国併合《かんこくへいごう》……9、20
- 北朝鮮《ちょうせん》……20、21、32、36、37、38
- 金日成《キムイルソン》……21
- 金正日《キムジョンイル》……20、21、33
- 金正恩《キムジョンウン》……21、37
- 金大中《キムデジュン》……33
- 共産党《きょうさんとう》……12、18、24、28
- 匈奴《きょうど》……22
- Quad《クアッド》……27
- 百済《くだら》……5
- 九段線《くだん》……26
- 警察予備隊《けいさつよびたい》……13
- 慶長《けいちょう》の役《えき》……7
- 元《げん》……5、7、22、23
- 元寇《げんこう》……4、5
- 小泉純一郎《こいずみじゅんいちろう》……20
- 高度経済成長《けいざいせいちょう》……13
- 国際司法裁判《こくさいしほうさいばん》所……21
- 国際連合《こくさいれんごう》……28
- 国際連盟《こくさいれんめい》……9、10
- 国民党《こくみんとう》……12、28
- 国家総動員法《そうどういんほう》……10
- ゴルバチョフ……16

さ行

- 鎖国政策《さこくせいさく》……7、8
- サラエボ事件《じけん》……31
- 三国干渉《かんしょう》……8
- サンフランシスコ平和条約《じょうやく》……12、17
- GHQ《ジーエイチキュー》……12、13
- 自衛隊《じえいたい》……13
- シベリア出兵《しゅっぺい》……16
- 資本主義《しほんしゅぎ》……12、13、21、32、33
- 社会主義《しゅぎ》……12、13、16、21、24、32、34
- 習近平《しゅうきんぺい》……24、29
- 新羅《しらぎ》……5、6
- シルクロード……24
- 清《しん》……8、9、22、23
- 真珠《しんじゅ》の首かざり……27
- 新冷戦《れいせん》……29、38
- 世界の工場……24
- 尖閣諸島《せんかくしょとう》……18、19、38
- 宋《そう》……6、23

た行

- 第一次世界大戦《たいせん》……9、31
- 大韓帝国《だいかんていこく》……9、20
- 大東亜共栄圏《だいとうあきょうえいけん》……10
- 第二次世界大戦《たいせん》……10、12、32、34
- 台北《タイペイ》……28
- 太平洋戦争《せんそう》……10、11、12、16、20
- ダイヤのネックレス……27
- 平清盛《たいらのきよもり》……6
- 台湾《たいわん》……8、12、18、28、29
- 竹島……20、21、38
- 田中角栄《かくえい》……18
- ダライ・ラマ……27
- 千島列島《れっとう》……8、12、17
- 中華《ちゅうか》思想……22
- 中華人民共和《ちゅうかじんみんきょうわ》国……12、18、23、24、28
- 中華民《ちゅうかみん》国……9、12、18、23、28
- 朝鮮《ちょうせん》……7、9、20、30
- 朝鮮出兵《ちょうせんしゅっぺい》……5、7、20
- 朝鮮戦争《ちょうせんせんそう》……13、20、32、34、37
- 朝鮮通信使《ちょうせんつうしんし》……20
- 朝鮮民主主義人民共和《ちょうせんみんしゅしゅぎじんみんきょうわ》国……21、32
- 唐《とう》……5、6、23
- 東京大空襲《くうしゅう》……11
- 鄧小平《とうしょうへい》……24
- 徳川家康《とくがわいえやす》……20
- 豊臣秀吉《とよとみひでよし》……5、7、20
- トランプ……37

な行

- 南沙諸島《なんさしょとう》……26
- 南蛮貿易《なんばんぼうえき》……7
- 南北首脳《しゅのう》会談……33
- 南洋庁《ちょう》……9
- 二十一か条《じょう》の要求《ようきゅう》……18
- 日米安全保障条約《ほしょうじょうやく》……13、14、17、38
- 日米豪印戦略《ごういんせんりゃく》対話……27
- 日露協約《にちろきょうやく》……16
- 日露修好《にちろしゅうこう》通商条約《じょうやく》……16
- 日露戦争《にちろせんそう》……8、9、16、17、30
- 日露《にちろ》和親条約《じょうやく》……16、17
- 日韓基本条約《にっかんきほんじょうやく》……20
- 日清修好条規《にっしんしゅうこうじょうき》……18
- 日清戦争《にっしんせんそう》……8、18、20、30
- 日宋貿易《にっそうぼうえき》……6
- 日ソ共同《きょうどう》声明……16
- 日ソ共同宣言《きょうどうせんげん》……16、17
- 日ソ中立条約《じょうやく》……16
- 日中共同《きょうどう》声明……18
- 日中戦争《せんそう》……10、18
- 日中平和友好条約《ゆうこうじょうやく》……18
- 日朝修好条規《しゅうこうじょうき》……20
- 日本国憲法《けんぽう》……12

は行

- バイデン……29
- 白村江《はくすきのえ》の戦《たたか》い……5
- バルカン半島……31
- 板門店《パンムンジョム》……32
- 万里《ばんり》の長城《ちょうじょう》……22
- ビザンツ帝国《ていこく》……31
- プーチン……16
- 文禄《ぶんろく》の役《えき》……7
- 北方領土《りょうど》……16、17、38

ま行

- 満州国《まんしゅう》……9、10
- ミッドウェー海戦《かいせん》……10
- 明《みん》……7、23、30
- 蒙古《もうこ》……22
- 毛沢東《もうたくとう》……18
- モンゴル帝国《ていこく》……5、7、25、30

ら行

- 遼東《リャオトン》半島……8
- 琉球《りゅうきゅう》王国……7
- 冷戦《れいせん》……12、13、14、34
- 連合《れんごう》国軍総司令部《ぐんそうしれいぶ》……12
- ローマ帝国《ていこく》……31
- ロシア革命《かくめい》……16

教えて！池上彰さん
どうして戦争はなくならないの？
地政学で見る世界
2
日本と世界の国々

2023年4月6日　第1刷発行
2024年4月23日　第2刷発行

監修 池上彰（いけがみ・あきら）

1950年、長野県生まれ。ジャーナリスト、名城大学教授、東京工業大学特命教授。慶應義塾大学卒業後、73年にNHK入局。94年から11年間、「週刊こどもニュース」のお父さん役として活躍。2005年に独立。「知らないと恥をかく世界の大問題」シリーズ、『何のために伝えるのか？情報の正しい伝え方・受け取り方』（KADOKAWA）、『池上彰の「経済学」講義1・2』（角川文庫）など著書多数。「なぜ僕らは働くのか　君が幸せになるために考えてほしい大切なこと」（学研プラス）など監修も多数。

ブックデザイン	高橋コウイチ（WF）
企画・編集	山岸都芳（小峰書店）
編集協力	大悠社
表紙イラスト	KanKhem/Shutterstock.com cobalt88/Shutterstock.com DrAndY/Shutterstock.com
本文イラスト	タカダカズヤ
図版作成	アトリエ・プラン

監修者	池上彰
発行者	小峰広一郎
発行所	株式会社 小峰書店 〒162-0066 東京都新宿区市谷台町4-15 電話 03-3357-3521　FAX 03-3357-1027 https://www.komineshoten.co.jp/

印刷	株式会社 三秀舎
製本	株式会社 松岳社

NDC319　39P　29×23cm
ISBN978-4-338-36002-9

参考文献

池上彰『池上彰の君と考える戦争のない未来』（理論社）

池上彰『池上彰の世界を知る学校』（朝日新聞出版）

池上彰『なぜ世界を知るべきなのか』（小学館）

池上彰『なぜ、世界から戦争がなくならないのか？』（SBクリエイティブ）

池上彰『知らないと恥をかく世界の大問題』（KADOKAWA）

池上彰監修『ライブ！2022 公共、現代社会を考える』（帝国書院）

鍛冶俊樹監修 インフォビジュアル研究所著『図解でわかる14歳からの地政学』（太田出版）

奥山真司監修『サクッとわかるビジネス教養 地政学』（新星出版社）

沢辺有司『地政学から見る 日本の領土』（彩図社）

ジオヒストリー『歴史と地理がいっきにわかる 世界史』（宝島社）

神野正史監修『[最新版]地政学でよくわかる！世界の戦争・紛争・経済史』（コスミック出版）

曽村保信『地政学入門 改版 外交戦略の政治学』（中央公論新社）

高橋洋一『世界のニュースがわかる! 図解 地政学入門』（あさ出版）

田中孝幸『13歳からの地政学 カイゾクとの地球儀航海』（東洋経済新報社）

出口治明『教養としての「地政学」入門』（日経BP）

船橋洋一監修 バウンド著『こども地政学 なぜ地政学が必要なのかがわかる本』（カンゼン）

パスカル・ボニファス ユベール・ヴェドリーヌ『最新 世界紛争地図』（ディスカヴァー・トゥエンティワン）

祝田秀全監修 長谷川敦著『世界史と時事ニュースが同時にわかる新 地政学』（朝日新聞出版）

村山秀太郎監修『図解でよくわかる地政学で読みとく「これからの世界」』（世界文化社）

茂木誠『世界史で学べ! 地政学』（祥伝社）

茂木誠監修『マンガでわかる地政学』（池田書店）

ほか